Matemáticas

MI VENTAJA

Por mi cuenta

CUADERNO DE PRÁCTICA

Harcourt Brace & Company

Orlando • Atlanta • Austin • Boston • San Francisco • Chicago • Dallas • New York • Toronto • London

http://www.hbschool.com

Printed in the United States of America

ISBN 0-15-310771-5

5 6 7 8 9   085   05 04 03 02 01

CONTENIDO

Estrategias de suma

Vocabulario

Completa. Elige **contar hacia adelante** o **formar una decena**.

1. Cuando uno de los sumandos está cerca de 10,

   primero debes _____ y luego
   sumar el resto.

2. Cuando uno de los sumandos es 1, 2 ó 3, puedes

   _____ para hallar la suma.

Halla la suma. Indica si usaste *contar hacia adelante* o *formar una decena*.

| 3. $\begin{array}{r} 2 \\ + 7 \\ \hline \end{array}$ | 4. $\begin{array}{r} 9 \\ + 3 \\ \hline \end{array}$ | 5. $\begin{array}{r} 7 \\ + 8 \\ \hline \end{array}$ | 6. $\begin{array}{r} 4 \\ + 3 \\ \hline \end{array}$ |

_____ _____ _____ _____

_____ _____ _____ _____

Halla la suma.

| 7. $\begin{array}{r} 2 \\ + 9 \\ \hline \end{array}$ | 8. $\begin{array}{r} 6 \\ + 3 \\ \hline \end{array}$ | 9. $\begin{array}{r} 8 \\ + 4 \\ \hline \end{array}$ | 10. $\begin{array}{r} 3 \\ + 5 \\ \hline \end{array}$ | 11. $\begin{array}{r} 9 \\ + 7 \\ \hline \end{array}$ |

12. $4 + 6 =$ _____   13. $9 + 4 =$ _____   14. $3 + 7 =$ _____

15. $6 + 8 =$ _____   16. $4 + 7 =$ _____   17. $6 + 9 =$ _____

Aplicaciones mixtas

18. Jason camina 7 cuadras hasta la biblioteca y 4 más hasta la tienda. ¿Cuántas cuadras camina en total?

19. Juan tiene una moneda de 5¢, una de 10¢ y una de 25¢. Si usa 2 monedas, ¿qué cantidades de dinero puede gastar?

_____   _____

Más estrategias de suma

Vocabulario

Escribe la letra correcta de la Columna 2.

1. $8 + 8 = ?$ _____   a. dobles menos uno

2. $8 + 9 = ?$ **Piensa:** $8 + 8 + 1$ _____   b. dobles

3. $9 + 8 = ?$ **Piensa:** $9 + 9 - 1$ _____   c. dobles más uno

---

Halla la suma. Indica si usaste *dobles, dobles más uno* o *dobles menos uno.*

4. $\begin{array}{r} 7 \\ + 7 \\ \hline \end{array}$
   5. $\begin{array}{r} 7 \\ + 8 \\ \hline \end{array}$
   6. $\begin{array}{r} 4 \\ + 4 \\ \hline \end{array}$
   7. $\begin{array}{r} 5 \\ + 4 \\ \hline \end{array}$

_____   _____   _____   _____

8. $\begin{array}{r} 6 \\ + 7 \\ \hline \end{array}$
   9. $\begin{array}{r} 9 \\ + 9 \\ \hline \end{array}$
   10. $\begin{array}{r} 6 \\ + 5 \\ \hline \end{array}$
   11. $\begin{array}{r} 9 \\ + 8 \\ \hline \end{array}$

_____   _____   _____   _____

Halla la suma.

12. $9 + 9 =$ _____   13. $5 + 6 =$ _____   14. $5 + 5 =$ _____

15. $8 + 7 =$ _____   16. $3 + 4 =$ _____   17. $7 + 6 =$ _____

18. $6 + 6 =$ _____   19. $8 + 7 =$ _____   20. $3 + 3 =$ _____

Aplicaciones mixtas

21. Un collar tiene 7 cuentas azules y 6 cuentas rojas. ¿Cuántas cuentas tiene en total?

22. Jill compró 4 muffins de maíz y 8 de manzana. ¿Cuántos muffins compró en total?

_____   _____

El orden de los sumandos y el cero

Halla la suma.

1. $\begin{array}{r} 9 \\ +4 \\ \hline \end{array}$ $\begin{array}{r} 4 \\ +9 \\ \hline \end{array}$
2. $\begin{array}{r} 6 \\ +8 \\ \hline \end{array}$ $\begin{array}{r} 8 \\ +6 \\ \hline \end{array}$
3. $\begin{array}{r} 7 \\ +2 \\ \hline \end{array}$ $\begin{array}{r} 2 \\ +7 \\ \hline \end{array}$
4. $\begin{array}{r} 5 \\ +7 \\ \hline \end{array}$ $\begin{array}{r} 7 \\ +5 \\ \hline \end{array}$

5. $0 + 5 =$ _____

6. $9 + 0 =$ _____

7. $6 + 6 =$ _____

8. $8 + 0 =$ _____

9. $0 + 2 =$ _____

10. $0 + 7 =$ _____

11. $8 + 8 =$ _____

12. $0 + 4 =$ _____

13. $3 + 0 =$ _____

Halla la suma. Cambia el orden de los sumandos para
escribir otro enunciado de suma. Ejemplo: $7 + 8 = 15$,
de modo que $8 + 7 = 15$.

14. $8 + 4 =$ _?_ , entonces _____ + _____ = _____

15. $3 + 7 =$ _?_ , entonces _____ + _____ = _____

16. $9 + 2 =$ _?_ , entonces _____ + _____ = _____

17. $6 + 5 =$ _?_ , entonces _____ + _____ = _____

Aplicaciones mixtas

18. Jennifer leyó 7 páginas por la
mañana y 0 páginas por la
tarde. ¿Cuántas páginas leyó
en total?

_____

19. Anne hizo 6 galletas. Carrie
hizo una galleta más que
Anne. ¿Cuántas galletas
hicieron en total?

_____

20. Robbie y Betty tienen la
misma cantidad de lápices.
Robbie tiene 4 lápices nuevos
y 8 usados. Betty tiene 8
lápices nuevos. ¿Cuántos
lápices usados tiene Betty?

_____

21. Un caracol recorrió 3 pulgadas
por la mañana y 7 por la tarde.
¿Cuántas pulgadas recorrió
en total?

_____

Estrategia para resolver problemas

Hacer una tabla

Haz una tabla para resolver los problemas.

1. Haz una lista de los enunciados de suma que se pueden escribir usando dos juegos de cartas con los números 5, 6 y 7. ¿Qué enunciados numéricos tienen los mismos sumandos pero están colocados en distinto orden?

2. El Sr. Nolan lleva la cuenta del número de perros calientes que vende cada día. El lunes vendió 256 perros calientes y el martes, 197. El miércoles vendió 286 y el jueves, 169. El viernes vendió 302 perros calientes. Ordena de menor a mayor el número de perros calientes vendidos cada día.

Usa la tabla que hiciste en el Problema 2 para resolver los Problemas 3–4.

3. ¿Qué día vendió el Sr. Nolan más perros calientes?

4. ¿Qué días vendió el Sr. Nolan menos de 200 perros calientes?

Aplicaciones mixtas

Halla la solución.

ELIGE UNA ESTRATEGIA

• **Estimar y comprobar** • **Buscar un patrón** • **Hacer un modelo** • **Escribir un enunciado numérico**

5. Daniel y Andrew recogieron 13 conchas en total. Daniel recogió una concha más que Andrew. ¿Cuántas conchas recogió Daniel?

6. Emily tenía 10 hojas de papel. Le dio una hoja a cada una de sus 3 amigas. ¿Cuántas hojas le quedan?

Estrategias para restar

Vocabulario

Une con una línea cada término con su descripción.

1. contar hacia atrás

a. Cuando restas cero a un número, la diferencia es ese mismo número.

2. contar del menor al mayor

b. Cuando restas 1, 2 ó 3, cuenta hacia atrás para hallar la diferencia.

3. iguales

c. Empieza en el número más pequeño y cuenta hasta el número más grande.

4. ceros

d. Cuando a un número le restas ese mismo número, la diferencia es cero.

Halla la diferencia. Indica si usaste *contar hacia atrás, contar del menor al mayor, iguales* o *ceros*.

5. 7
 − 3
_____
_____

6. 9
 − 0
_____
_____

7. 8
 − 7
_____
_____

Halla la diferencia.

8. 10
 − 2

9. 8
 − 5

10. 5
 − 0

11. 9
 − 6

12. 7
 − 7

Aplicaciones mixtas

13. Peter tenía 9 canicas y perdió 2. ¿Cuántas canicas le quedan?

14. Li tenía 2 canicas rojas y 5 azules. Encontró 6 canicas azules más. ¿Cuántas canicas azules tiene ahora?

Familias de operaciones

Vocabulario

1. Una _____ son enunciados numéricos de suma y de resta relacionados que usan los mismos números.

2. La suma y la resta son operaciones _____ .

Halla la suma. Escribe una operación de resta relacionada.

3. $8 + 4 =$ ___   4. $5 + 9 =$ ___   5. $3 + 8 =$ ___   6. $7 + 4 =$ ___

_____   _____   _____   _____

Halla la diferencia. Escribe una operación de suma relacionada.

7. $8 - 3 =$ ___   8. $9 - 7 =$ ___   9. $13 - 6 =$ ___   10. $15 - 8 =$ ___

_____   _____   _____   _____

Escribe el número que falta para completar cada operación.

11. $8 +$ ___ $= 13$ 12. $5 +$ ___ $= 13$ 13. $13 -$ ___ $= 8$ 14. $13 -$ ___ $= 5$

Escribe la familia de operaciones de cada conjunto de números.

15. 5, 2, 7   16. 9, 7, 16

_____   _____

_____   _____

Aplicaciones mixtas

17. Sue escogió los números 9, 3 y 12 para escribir una familia de operaciones. Escribe los enunciados numéricos.

18. Tom tiene 15 pelotas de tenis. Tiene 6 pelotas verdes y el resto son amarillas. ¿Cuántas pelotas son amarillas?

_____   _____

_____   _____

Más de dos sumandos

Halla la suma.

1. $(2 + 5) + 3 =$ _____   **2.** $6 + (3 + 5) =$ _____   **3.** $(4 + 5) + 9 =$ _____

4. $4 + (3 + 7) =$ _____   **5.** $(4 + 3) + 6 =$ _____   **6.** $(1 + 7) + 4 =$ _____

7. $2 + (6 + 6) =$ _____   **8.** $(4 + 6) + 3 =$ _____   **9.** $7 + (1 + 5) =$ _____

Agrupa los sumandos. Luego halla la suma.

10. $2 + 4 + 6 =$ _____   **11.** $4 + 1 + 9 =$ _____   **12.** $3 + 5 + 8 =$ _____

13. $9 + 2 + 5 =$ _____   **14.** $4 + 4 + 5 =$ _____   **15.** $6 + 7 + 2 =$ _____

Aplicaciones mixtas

Usa la tabla para resolver los Problemas 16–18.

16. ¿Cuántos jerbos en total se vendieron el lunes, martes y miércoles?

_____

17. ¿Cuántos jerbos en total se vendieron el jueves y el viernes?

_____

VENTA DE JERBOS EN UNA SEMANA	
Día	Jerbos vendidos
Lunes	5
Martes	4
Miércoles	3
Jueves	6
Viernes	7

18. ¿Cuántos jerbos menos se vendieron el martes que el viernes?

_____

19. Joe tiene 12 peces y Ellen tiene 7. ¿Cuántos más peces tiene Joe que Ellen?

_____

20. El Sr. Jones tiene 5 perros, 4 caballos y 7 gatos. ¿Cuántos animales tiene en total?

_____

21. Kate compró su perro cuando éste tenía 8 meses de edad. Lo compró hace 3 meses. ¿Qué edad tiene el perro ahora?

_____

Usar el valor posicional para reagrupar

Usa bloques de base diez. Escribe *sí* o *no* para indicar si
necesitas reagrupar. Halla la suma.

| 1. 14 +25 | 2. 37 +27 | 3. 15 +16 | 4. 34 +41 | 5. 31 +62 |

_____   _____   _____   _____   _____

Halla la suma.

| 6. 43 +24 | 7. 26 +34 | 8. 16 +29 | 9. 41 +38 | 10. 62 +28 |

| 11. 81 +70 | 12. 63 +41 | 13. 48 +68 | 14. 39 +81 | 15. 98 +58 |

Aplicaciones mixtas

Usa la tabla para resolver los
Problemas 16–18.

16. Las clases de la Sra. Lane y del
Sr. Miller salieron de excursión.
¿Cuántos estudiantes fueron de
excursión?

CLASES DE TERCER GRADO	
Clase	Número de estudiantes
Sr. Miller	22
Sra. Foster	24
Sra. Lane	19

_____

17. Hay 20 estudiantes en la
clase de la Sra. Foster.
¿Cuántos estudiantes están
ausentes?

18. Hay 10 varones en la clase de
la Sra. Lane. ¿Cuántas niñas
hay en la clase?

_____   _____

Sumar números de dos dígitos

Halla la suma.

1. 23
  +16

2. 47
  +41

3. 39
  +12

4. 35
  +27

5. 39
  +29

6. 47
  +61

7. 92
  +70

8. 38
  +12

9. 85
  +45

10. 77
  +85

Aplicaciones mixtas

Usa el mapa para resolver los Problemas 11–13.

11. La Sra. Fox viajó desde Ames a Canton. ¿Cuántas millas recorrió?

_____

12. El Sr. Clemente viajó desde Bedford a Danvers. ¿Cuántas millas recorrió?

_____

13. La Sra. Ling fue desde Canton a Danvers y regresó a Canton. ¿Cuántas millas recorrió?

_____

14. El Sr. Reed tenía 12 galones de gasolina en su carro. Usó 4 galones durante la semana. ¿Cuántos galones de gasolina le quedan?

_____

15. Si a mí me sumas el número que soy, el total de la suma es 16. ¿Qué número soy?

_____

Estimar sumas y diferencias

Escribe el número que está justo en la mitad entre 2 decenas. Puedes usar una recta numérica.

1. 20 y 30 _____   2. 70 y 80 _____   3. 40 y 50 _____

Redondea cada número a la decena más próxima.

4. 34 _____   5. 29 _____   6. 14 _____   7. 47 _____   8. 35 _____

9. 64 _____   10. 58 _____   11. 65 _____   12. 33 _____   13. 76 _____

Redondea para estimar cada suma o diferencia.

14. $\begin{array}{r} 23 \\ +71 \\ \hline \end{array}$ 15. $\begin{array}{r} 93 \\ -43 \\ \hline \end{array}$ 16. $\begin{array}{r} 84 \\ -19 \\ \hline \end{array}$ 17. $\begin{array}{r} 69 \\ +12 \\ \hline \end{array}$

18. $\begin{array}{r} 32 \\ +48 \\ \hline \end{array}$ 19. $\begin{array}{r} 67 \\ +17 \\ \hline \end{array}$ 20. $\begin{array}{r} 65 \\ -19 \\ \hline \end{array}$ 21. $\begin{array}{r} 52 \\ +34 \\ \hline \end{array}$

Aplicaciones mixtas

22. Carrie tiene 68 monedas de 1¢ en su alcancía y 14 monedas de 1¢ en su bolso. ¿Cuántas monedas tiene aproximadamente?

_____

_____

23. Un recipiente contiene 60 canicas. Si se redondea la cantidad a la decena más próxima, ¿cuál es el menor número de canicas que puede haber en el recipiente? ¿Cuál es el mayor número que puede haber?

_____

24. Jane hizo un collar con 7 cuentas rojas, 5 azules y 3 blancas. ¿Cuántas cuentas usó en total?

_____

25. Chet recogió 14 conchas el lunes y 27 el martes. Percy recogió 39 conchas el lunes y ninguna el martes. ¿Quién recogió más conchas?

_____

Elegir entre la suma y la resta

Indica si necesitas *sumar* o *restar*. Luego halla la solución.

1. En un campamento de verano 38 varones y 42 niñas toman clases de natación. ¿Cuántos varones y niñas en total toman clases de natación?

   _____

2. El cocinero del campamento compró 35 cajas de cereal. Durante la semana, los niños comieron 31 cajas de cereal. ¿Cuántas cajas quedaron?

   _____

3. Peter caminó 2 millas el lunes, 4 el miércoles y 5 el viernes. ¿Cuántas millas caminó en total?

   _____

4. El lunes por la mañana 36 niños del campamento fueron a nadar, 14 fueron a escalar y 30 se quedaron jugando. ¿Cuántos niños más fueron a nadar que a escalar?

   _____

Aplicaciones mixtas

Usa los dibujos para resolver los Problemas 5–7.

5. Helen entró en la tienda cuando iba a la casa de una amiga. Compró una libreta y un bolígrafo. ¿Cuánto dinero gastó?

   _____

6. A Kito le dijeron que podía gastar unos 50¢ en la tienda. ¿Cuáles cosas podría escoger?

   _____

7. Karen tenía 75¢. Compró una taza. ¿Cuánto dinero le queda?

   _____

Nombre _____

2.5

Estrategia para resolver problemas

Escribir un enunciado numérico

Escribe un enunciado numérico y halla la solución.

1. En diciembre nevó 4 días, en enero nevó 12 días y en febrero nevó 10 días. ¿Cuántos días nevó en total?

_____

2. Erin vio 12 pájaros en el comedero a las 10 de la mañana y 16 pájaros al mediodía. ¿Cuántos pájaros más había en el comedero al mediodía?

_____

3. En el huerto de Jared había 25 tomates. Jared recogió 14 tomates. ¿Cuántos tomates quedaron en la huerta?

_____

4. Frank contó 5 pimientos rojos, 11 verdes y 4 amarillos en su huerta. ¿Cuántos pimientos contó en total?

_____

Aplicaciones mixtas

Halla la solución.

ELIGE UNA ESTRATEGIA

• **Hacer una tabla** • **Escribir un enunciado numérico** • **Representar**

5. Cuatro estudiantes se pusieron en fila del más bajo al más alto. Mary es más alta que Kim. Paul es más bajo que Kim. David es más alto que Mary. ¿Cómo estaban alineados los estudiantes?

_____

6. Meg horneó 36 galletas, Tom horneó 60, Jon 72, Ann 48 y Ted horneó 24. ¿Quién horneó más galletas? ¿Quién horneó menos?

_____

7. El Sr. Stewart compró 6 galletas de chocolate, 3 de azúcar y 2 de jengibre. ¿Cuántas galletas compró en total?

_____

8. Ruth tiene 5 monedas en su bolso. Tiene 21¢. ¿Qué monedas tiene?

_____

Usar el valor posicional para reagrupar

Usa bloques de base diez. Escribe *sí* o *no* para indicar si
necesitas reagrupar. Halla la diferencia.

1. 25
−14
_____

2. 52
−19
_____

3. 36
−17
_____

4. 57
−25
_____

5. 82
−65
_____

Halla la diferencia. Puedes usar bloques de base diez.

6. 75
−37

7. 24
−16

8. 38
−25

9. 82
−26

10. 43
−36

11. 64
−29

12. 25
−15

13. 73
−45

14. 54
−19

15. 36
−24

16. 47
−28

17. 98
−44

18. 36
−28

19. 52
−18

20. 65
−18

21. 61
−27

22. 47
−30

23. 96
−66

24. 77
−28

25. 56
−38

Aplicaciones mixtas

26. Delia tenía que resolver 24
problemas de matemáticas.
Todavía le falta resolver
15 problemas. ¿Cuántos
problemas ha resuelto Delia?
_____

27. Kelly plantó 24 semillas. Sara
plantó 16 semillas más que
Kelly. ¿Cuántas semillas
plantó Sara?
_____

Restar números de dos dígitos

Halla la diferencia. Reagrupa si es necesario.

| 1. 37 −18 | 2. 52 −25 | 3. 47 −31 | 4. 72 −48 | 5. 65 −39 |

| 6. 42 −31 | 7. 64 −49 | 8. 82 −47 | 9. 62 −13 | 10. 93 −67 |

Aplicaciones mixtas

Usa la tabla para resolver los Problemas 11–13.

Árboles del parque	
Pino	25
Roble	22
Arce	14
Abedul	16

11. Jason contó todos los árboles del parque. ¿Cuántos árboles contó Jason en total?

_____

12. ¿Cuántos pinos más que abedules hay?

13. De los 22 robles, 8 son blancos y el resto negros. ¿Cuántos robles negros hay?

_____

14. De los 25 estudiantes de la clase de Mike, 15 van a la escuela en autobús, 4 van en carro y el resto a pie. ¿Cuántos estudiantes van a la escuela a pie?

15. Theresa se fue a la escuela antes que Shelby. Scott se fue a la escuela después que Shelby, pero antes que Manuel. ¿En qué orden se fueron a la escuela los estudiantes?

_____

_____   _____

Usar el valor posicional para restar con ceros

Halla la diferencia.

1. $\begin{array}{r} 40 \\ -18 \\ \hline \end{array}$ 2. $\begin{array}{r} 30 \\ -12 \\ \hline \end{array}$ 3. $\begin{array}{r} 60 \\ -28 \\ \hline \end{array}$ 4. $\begin{array}{r} 70 \\ -19 \\ \hline \end{array}$ 5. $\begin{array}{r} 50 \\ -46 \\ \hline \end{array}$

6. $\begin{array}{r} 90 \\ -25 \\ \hline \end{array}$ 7. $\begin{array}{r} 20 \\ -16 \\ \hline \end{array}$ 8. $\begin{array}{r} 80 \\ -44 \\ \hline \end{array}$ 9. $\begin{array}{r} 70 \\ -27 \\ \hline \end{array}$ 10. $\begin{array}{r} 60 \\ -12 \\ \hline \end{array}$

11. $\begin{array}{r} 50 \\ -25 \\ \hline \end{array}$ 12. $\begin{array}{r} 70 \\ -13 \\ \hline \end{array}$ 13. $\begin{array}{r} 40 \\ -29 \\ \hline \end{array}$ 14. $\begin{array}{r} 60 \\ -52 \\ \hline \end{array}$ 15. $\begin{array}{r} 90 \\ -41 \\ \hline \end{array}$

16. $\begin{array}{r} 40 \\ -32 \\ \hline \end{array}$ 17. $\begin{array}{r} 70 \\ -43 \\ \hline \end{array}$ 18. $\begin{array}{r} 20 \\ -18 \\ \hline \end{array}$ 19. $\begin{array}{r} 60 \\ -37 \\ \hline \end{array}$ 20. $\begin{array}{r} 90 \\ -64 \\ \hline \end{array}$

Aplicaciones mixtas

21. El Sr. Klein tenía 60 botellas de jugo. Vendió 18 botellas por la mañana. ¿Cuántas botellas de jugo le quedan?

_____

22. Carl quiere comprar una botella de jugo que cuesta 50¢. Tiene 38¢. ¿Cuánto dinero le falta?

_____

23. La Sra. Park recorre 73 millas por la mañana y 56 por la tarde. ¿Cuántas millas recorre en total?

_____

24. Tony patina durante 1 hora. Empieza a las 4:15. ¿A qué hora termina de patinar?

_____

Practicar la resta

Halla la diferencia.

1. 56
   −29

2. 40
   −15

3. 37
   −10

4. 64
   −24

5. 93
   −70

6. 62
   −37

7. 41
   −16

8. 73
   −64

9. 27
   −19

10. 80
    −37

Aplicaciones mixtas

Usa la lista para resolver los Problemas 11–13.

Colección de estampillas

EE.UU.	54
Francia	19
Alemania	8
Canadá	26

11. Oscar colecciona estampillas. Tiene una lista de la cantidad de estampillas de cada país. ¿Cuántas más estampillas tiene de EE.UU. que de Francia?

_____

12. ¿Cuántas estampillas de EE.UU. y de Canadá tiene en total?

_____

13. Oscar regala 8 estampillas canadienses. ¿Cuántas estampillas canadienses le quedan?

_____

14. Oscar empieza a trabajar en su colección de estampillas a las 3:15. Termina 1 hora y 15 minutos después. ¿A qué hora termina?

_____

15. Oscar compró una estampilla de 32¢, una de 10¢ y otra de 1¢. ¿Cuánto dinero gastó en total?

_____

Usar la suma y la resta

Usa el mapa para resolver los Problemas 1–2.

1. El Sr. Harris viaja en carro de Yellowton a Redville. Luego va de Redville a Greenburg. ¿Cuántas millas recorre en total?

_____

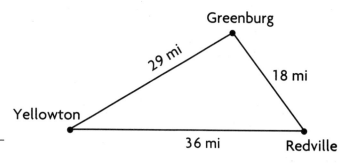

2. ¿Cuántas millas más cerca de Yellowton está Greenburg que Redville?

_____

Halla la suma o la diferencia.

3. 70 −26	4. 19 +36	5. 42 − 7	6. 43 +81	7. 75 −49
8. 50 −20	9. 49 −23	10. 47 +57	11. 31 −15	12. 85 +28

Aplicaciones mixtas

13. La casa de Tammy está a 23 cuadras de la escuela. Si Tammy camina 18 cuadras desde su casa hacia la escuela, ¿a cuántas cuadras de la escuela está?

_____

14. Un perro recorre el borde de un jardín cuadrado. El jardín mide 8 pies de lado. ¿Cuántos pies recorre el perro?

_____

Nombre _____

Estrategia para resolver problemas

Volver sobre los pasos

Vuelve sobre tus pasos para resolver los problemas.

1. Greta hizo ayer varias postales. Hoy hizo 3 más. Envió por correo 10 postales a sus amigos. Ahora le quedan 15. ¿Cuántas postales hizo Greta ayer?

   _____

2. Steven recogió varias manzanas por la mañana. Se comió 2 durante el almuerzo. Después recogió 14 más. Ahora le quedan 30 en la cesta. ¿Cuántas manzanas recogió por la mañana?

   _____

3. Nina tenía algo de dinero en su monedero. Luego su papá le dio 25¢. Nina gastó 15¢. Ahora tiene 40¢ en el monedero. ¿Cuánto dinero tenía al principio?

   _____

4. El lunes por la mañana, Tom compró 8 tarjetas de béisbol. El martes vendió 5. Ahora tiene 45 tarjetas de béisbol. ¿Cuántas tarjetas tenía el lunes?

   _____

Aplicaciones mixtas

Halla la solución.   **ELIGE UNA ESTRATEGIA**

• Hacer una tabla   • Volver sobre los pasos   • Representar   • Escribir un enunciado numérico

5. En una fila de 10 personas Bill es el cuarto. Mary está delante de Bill. ¿Cuántas personas hay detrás de Mary?

   _____

6. Anne tiene 2 cajas de bolígrafos. Hay 48 bolígrafos en cada caja. ¿Cuántos bolígrafos tiene en total?

   _____

7. Dave tiene 3 monedas cuyo valor total es de 36¢. ¿Qué monedas tiene?

   _____

8. Tim está pensando en un número. Si le sumas 8 a ese número y luego le restas 10, el resultado es 20. ¿Cuál es el número?

   _____

Reagrupar en la suma

Halla la suma.

1.	356	2.	149	3.	657	4.	494	5.	364
	+228		+227		+155		+369		+465

6.	648	7.	649	8.	146	9.	247	10.	152
	+173		+348		+594		+453		+688

11.	384	12.	473	13.	349	14.	147	15.	869
	+165		+437		+449		+366		+131

Aplicaciones mixtas

Usa la tabla para resolver los Problemas 16–17.

16. ¿Cuántos estudiantes asisten a las escuelas Davis y Lane?

_____

17. ¿En qué escuela hay más estudiantes? ¿En qué escuela hay menos estudiantes?

_____

ESCUELAS PRIMARIAS	
Escuela	**Número de estudiantes**
Davis	345
Lincoln	483
Lane	476
New Hope	372

18. Ricardo encontró 11 piedras para su colección durante las vacaciones. Ahora tiene 47 piedras. ¿Cuántas piedras tenía antes de las vacaciones?

_____

19. Lisa leyó 73 páginas el martes y 46 páginas el miércoles. ¿Cuántas páginas más leyó el martes que el miércoles?

_____

Sumar más de dos sumandos

Halla la suma.

1.   436
   214
+887
	2. $3.50
	  4.49
	+3.69
		3. 145
		 657
		+954
			4. 329
			 416
			+741

5. $1.98
  4.50
+8.25
	6. 608
	 652
	+654
		7. 537
		 227
		+154
			8. $5.16
			  5.25
			+4.64

Aplicaciones mixtas

Usa la lista de precios para resolver los Problemas 9–11.

Lista de precios	
Libro	$3.50
Libreta	$1.65
Bolígrafo	$0.79
Marcadores	$2.25

9. Karen compró un libro, una libreta y un bolígrafo. ¿Cuánto dinero gastó?

_____

10. Hank tiene un billete de 5 dólares. ¿Le alcanza el dinero para comprar marcadores, una libreta y un bolígrafo?

_____

11. Tanya tiene $0.50. ¿Cuánto dinero le falta para comprar un bolígrafo?

_____

12. Jill horneó galletas por la mañana. Su hermano se comió 4 galletas. Por la tarde, Jill horneó 24 galletas más. Ahora tiene 44 galletas. ¿Cuántas galletas horneó por la mañana?

_____

13. Jill puso a hornear las galletas a las 2:35. Las sacó a las 2:45. ¿Cuántos minutos horneó las galletas?

_____

Reagrupar en la resta

Halla la diferencia.

1. 354 −148	2. 564 −139	3. 942 −817	4. 783 −526	5. 647 −435
6. 365 −178	7. 635 −145	8. 746 −458	9. 852 −459	10. 461 −178
11. 461 −275	12. 921 −732	13. 437 −128	14. 675 −179	15. 724 −536
16. 729 −518	17. 436 −297	18. 982 −695	19. 514 −226	20. 372 −158

Aplicaciones mixtas

Usa la tabla para resolver los
Problemas 21–23.

21. ¿Cuántas personas más vieron
la obra el sábado que el
viernes?

_____

22. ¿Cuántas personas en total
vieron la obra en los tres
días?

_____

Asistencia a la obra de teatro	
Viernes	168
Sábado	314
Domingo	257

23. Hay 352 asientos en el teatro.
¿Cuántos asientos vacíos
había el sábado?

_____

Estrategia para resolver problemas

Estimar y comprobar

Usa *estimar* y *comprobar* para resolver los problemas.

1. La suma de dos números es 39. Su diferencia es 11. ¿Cuáles son esos dos números?

_____

2. La suma de dos números es 22. Su diferencia es 4. ¿Cuáles son esos dos números?

_____

3. En dos días Gina recorrió 450 millas hasta la casa de su abuela. El sábado recorrió 50 millas más que el domingo. ¿Cuántas millas recorrió el sábado? ¿Cuántas recorrió el domingo?

_____

4. El sábado María tocó la flauta durante 40 minutos. Por la tarde tocó 10 minutos menos que por la mañana. ¿Cuántos minutos tocó por la mañana? ¿Cuántos minutos tocó por la tarde?

_____

Aplicaciones mixtas

Halla la solución.

ELIGE UNA ESTRATEGIA

• Hacer una tabla • Representar • Estimar y comprobar • Escribir un enunciado numérico

5. Jon visita 5 edificios de Nueva York. Los edificios miden 625, 540, 505, 587 y 620 pies de altura respectivamente. ¿Cuánto mide el más alto?

_____

6. Molly tiene 6 monedas cuyo valor total es 56¢. Indica qué monedas tiene.

_____

7. Shelia compró 76 figuritas de gatos, 124 figuritas de caballos y 58 figuritas de perros. ¿Cuántas figuritas compró en total?

_____

8. Jack tenía $5.10. Gastó $3.95 en el almuerzo. ¿Le queda suficiente dinero para comprar un helado que cuesta $1.25?

_____

Usar el valor posicional para restar con ceros

Usa bloques de base diez para hallar la diferencia.

1. $\begin{array}{r} 500 \\ -132 \\ \hline \end{array}$	**2.** $\begin{array}{r} 406 \\ -258 \\ \hline \end{array}$	**3.** $\begin{array}{r} 600 \\ -198 \\ \hline \end{array}$	**4.** $\begin{array}{r} 902 \\ -435 \\ \hline \end{array}$	**5.** $\begin{array}{r} 700 \\ -137 \\ \hline \end{array}$

6. $\begin{array}{r} 408 \\ -135 \\ \hline \end{array}$	**7.** $\begin{array}{r} 800 \\ -654 \\ \hline \end{array}$	**8.** $\begin{array}{r} 306 \\ -149 \\ \hline \end{array}$	**9.** $\begin{array}{r} 300 \\ -229 \\ \hline \end{array}$	**10.** $\begin{array}{r} 200 \\ -77 \\ \hline \end{array}$

Reagrupa. Escribe de otra forma cada uno de los siguientes números.

11. 400 _____

12. 507 _____

13. 206 _____

14. 800 _____

Aplicaciones mixtas

Usa el mapa para resolver los Problemas 15–16.

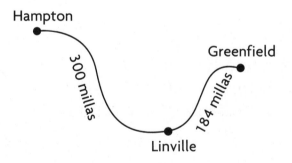

15. Julio vive en Linville. ¿Cuántas millas más cerca está de Greenfield que de Hampton?

_____

16. El Sr. Crane viaja de Linville a Greenfield. Después de manejar 90 millas, se detiene para almorzar. ¿A cuántas millas está de Greenfield?

17. Un granjero tiene, entre ovejas y puercos, 20 animales. Tiene 6 ovejas menos que puercos. ¿Cuántos puercos tiene? **Sugerencia:** Estima y comprueba.

_____

Más sobre ceros en la resta

Halla la diferencia.

1. 400
  −135

2. 700
  −471

3. 900
  −198

4. 300
  −264

5. 800
  −123

6. $4.00
  −1.25

7. 500
  −481

8. $7.00
  −3.50

9. 600
  −488

10. 200
  −65

Aplicaciones mixtas

Usa la tabla para resolver los Problemas 11–13.

11. ¿Cuántas millas más tiene el río St. Lawrence que el Hudson?

RÍOS PRINCIPALES DE AMÉRICA DEL NORTE	
Nombre	Largo
Hudson	306 millas
St. Lawrence	800 millas
Yellowstone	692 millas
Osage	500 millas

12. ¿Qué río tiene aproximadamente 200 millas más que el Osage?

13. El río Alabama tiene 71 millas menos que el St. Lawrence. ¿Qué largo tiene el río Alabama?

14. David fue a comprar un boleto para el cine que costaba $3.75. Pagó con un billete de $10. ¿Cuánto cambio recibió?

15. Sally compró un boleto para el cine que costaba $3.75, un refresco por $1.09 y una bolsa de palomitas de maíz por $2.25. ¿Cuánto dinero gastó?

Nombre _____

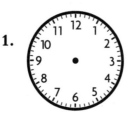

Comprender el reloj

Vocabulario

Dibuja un **minutero** y un **horario** en el reloj de la derecha. Encierra en un círculo el horario.

1.

Indica qué hora es en estos relojes. Luego escribe la hora en números.

2.

3.

4.

_____

_____

Indica cuántos minutos se movió el minutero de estos relojes. Cuenta de cinco en cinco.

5.

6.

7.

_____

_____

Aplicaciones mixtas

8. Ana tenía para vender 120 cajas de galletas. Vendió 106 cajas. ¿Cuántas cajas le quedan?

9. Alex se acuesta a las 8:30. Mira al reloj y ve que el horario señala el ocho y el minutero señala el tres. ¿Ya es hora de acostarse? Explica.

_____

_____

Estimar los minutos y las horas

Escribe *más de* o *menos de* en cada una de las oraciones.

1. Se tarda _____ un minuto en escribir tu nombre.

2. Se tarda _____ una hora en recorrer 100 millas.

3. Se tarda _____ una hora en tomar un baño.

4. Se tarda _____ un minuto en escribir un poema.

5. Se tarda _____ una hora en pintar una casa.

Encierra en un círculo la mejor estimación de tiempo.

6. un juego de cartas   20 minutos o 20 horas

7. escalar una montaña   3 minutos o 3 horas

8. comerse un helado   10 minutos o 10 horas

9. lavar un carro   30 minutos o 30 horas

Decide si las estimaciones de tiempo tienen sentido.
Escribe *sí* o *no*.

10. Se tarda unos 15 minutos en leer un capítulo.   _____

11. Se tarda unas 3 horas en lavarse los dientes.   _____

12. Se tarda unos 20 minutos en sacar al perro a pasear.   _____

13. Se tarda 1 hora en hacer la compra de la semana.   _____

14. Se tarda unos 2 minutos en escribir un informe.   _____

Aplicaciones mixtas

15. Tony construyó un avión de juguete. ¿Tardó 3 minutos o 3 horas en construirlo?

16. Hay 100 sillas en la cafetería. Hay 68 personas sentadas. ¿Cuántas sillas están vacías?

_____   _____

Hora exacta

Muestra cada hora en un reloj. Dibuja el minutero y el horario para indicar la hora.

1. 6:26

2. 8:02

3. 7:48

4. 3:31

5. 12:53

6. 9:17

Escribe la hora que indica el reloj.

7.

8.

9.

_____   _____   _____

Aplicaciones mixtas

10. El minutero de un reloj indica 28 minutos después de la hora. Doce minutos más tarde, ¿cuántos minutos indicará el minutero?

11. El equipo de fútbol de Julia jugó 3 partidos. En el primero anotó 2 goles, en el segundo 3 goles y en el tercero 4 goles. ¿Cuántos goles anotó el equipo en total?

_____   _____

Minutos después de la hora

Escribe dos formas en que leerías estas horas.

1.

2.

3.

_____   _____   _____

_____   _____   _____

_____   _____   _____

Escribe en números la hora que marcan los relojes.

4.    **5.**    **6.**    **7.**

_____   _____   _____   _____

Dibuja el horario donde corresponda.

8.

11:14

9.

2:52

10.

7:02

Aplicaciones mixtas

11. El martes almorzaron en la escuela 137 niños y el miércoles 184. ¿Cuántos niños más almorzaron el miércoles en la escuela?

12. Los niños almuerzan a las 12:00. Treinta minutos después salen al recreo. Escribe en números a qué hora empieza el recreo e indica la posición del horario.

_____   _____

Estrategia para resolver problemas

Representar

Representa los problemas y halla la solución.

1. Tika desayuna a las siete y sale para la escuela a las 7 y 37 minutos. ¿Dónde están situadas las manecillas del reloj cuando Tika sale para la escuela?

_____

_____

_____

2. Mike empieza la tarea de matemáticas a las cinco y termina a las 5:23. ¿Dónde están situadas las manecillas del reloj cuando acaba la tarea?

_____

_____

_____

3. Julie está sentada en la segunda hilera del cine. Hay dos personas sentadas a su derecha y cinco a su izquierda. ¿Cuántas personas están sentadas en la segunda hilera?

_____

4. Kenny empezó a jugar con 10 fichas. En el primer turno perdió 6 fichas y en el segundo ganó 3. ¿Cuántas fichas tiene ahora?

_____

Aplicaciones mixtas

Halla la solución.

ELIGE UNA ESTRATEGIA

• **Representar** • **Escribir un enunciado numérico** • **Estimar y comprobar** • **Volver sobre los pasos**

5. Iris fue a la biblioteca después de almorzar. Se quedó allí una hora y se fue a las 2:30. ¿A qué hora llegó a la biblioteca?

_____

6. Amy Lou tenía 67¢ y se encontró una moneda de 25¢ en la calle. ¿Cuánto dinero tiene ahora?

_____

Tiempo transcurrido: minutos y horas

Vocabulario

Completa el espacio en blanco con las palabras que faltan.

1. El_____ es el tiempo que pasa desde que empieza una actividad hasta que termina.

Usa un reloj con manecillas para hallar el tiempo transcurrido.

2. comienza: 4:15
   termina: 4:30

3. comienza: 5:30
   termina: 5:45

4. comienza: 3:30
   termina: 4:15

5. comienza: 4:45
   termina: 5:15

_____ _____ _____ _____

Usa un reloj con manecillas para hallar la hora final.

6. hora en que comienza: 4:15
   tiempo transcurrido: 30 minutos

7. hora en que comienza: 2:00
   tiempo transcurrido: 1 hora y 30 minutos

_____ _____

8. hora en que comienza: 7:30
   tiempo transcurrido: 45 minutos

9. hora en que comienza: 3:45
   tiempo transcurrido: 15 minutos

_____ _____

Aplicaciones mixtas

10. La clase de Toby empieza a las 10:15 y dura 45 minutos. ¿A qué hora termina?

11. Jessica empezó a ensayar a las 3:15 y terminó a las 4:30. ¿Cuánto duró el ensayo?

_____ _____

12. En la clase de Jan hay 14 niñas y 9 varones. ¿Cuántas más niñas que varones hay?

13. Jerry recorrió 25 millas para llegar a la playa. Ana recorrió 19. ¿Quién recorrió más millas?

_____ _____

Usar tablas de horarios

Vocabulario

Completa el espacio en blanco con las palabras que faltan.

1. Una _____ muestra actividades e indica
   la hora en que ocurren.

Usa la tabla de horarios para resolver los Problemas 2–5.

2. ¿Qué clase se reúne en el
   Salón 1?

   _____

3. ¿Qué clase dura más?

   _____

CLASES DE ARTE DEL LUNES		
Clase	Salón	Hora
Cerámica	1	3:00–4:30
Pintura	2	3:00–3:45
Dibujo	2	3:45–4:30
Textiles	3	2:45–3:45
Artesanía	3	3:45–5:00

4. Si Félix toma las clases de
   pintura y de artesanías,
   ¿cuánto tiempo pasará el
   lunes en clases de arte?

5. ¿Qué clases duran 45 minutos?

   _____

Aplicaciones mixtas

6. ¿Cuánto tiempo dura el recreo
   de la Sra. Rojas?

7. En la mañana Chet tocó el
   piano 25 minutos y en la tarde
   15 minutos. ¿Cuánto tiempo
   tocó en total?

   _____

HORARIO DE LA SRA. ROJAS	
Clase	Hora
Lenguaje	8:15–9:45
Desayuno	9:45–10:00
Matemáticas	10:00–10:45
Recreo	10:45–11:15
Estudios sociales	11:15–12:00

8. Susan tenía 308 canicas y
   le regaló 25 a una amiga.
   ¿Cuántas canicas le quedan?

Hacer un horario: minutos y horas

Completa la tabla de horarios.

HORARIO DE LA MAÑANA DEL CAMPAMENTO		
Actividad	Hora	Tiempo transcurrido
Tiempo libre	9:00–9:30	_____
Deportes	_____	1 hora y 15 minutos
Descanso	_____	15 minutos
Artesanías	11:00–12:00	_____

Usa la tabla de horarios que hiciste para resolver los Problemas 1–2.

1. ¿Cuánto tiempo más dura el período de los deportes que la clase de artesanías?

2. Juan llegó al campamento a las 10:00. ¿Cuánto tiempo tuvo para practicar deportes?

_____

_____

Aplicaciones mixtas

Usa la tabla de horarios para resolver los Problemas 3–4.

3. ¿Qué actividad comienza a la 1:30?

_____

4. ¿Qué actividad de la tarde dura más tiempo?

_____

HORARIO DE LA TARDE DEL CAMPAMENTO	
Actividad	Hora
Almuerzo	12:00–12:30
Lectura y juegos	12:30–1:30
Natación	1:30–2:45
Tiempo libre	2:45–3:00

5. Hay 32 niños en el campamento. El martes, 18 niños jugaron al fútbol y los demás a la escondida. ¿Cuántos niños jugaron a la escondida?

6. Molly hizo un collar con 76 cuentas rojas, blancas y azules. Si usó 36 cuentas rojas y 24 azules, ¿cuántas cuentas blancas usó?

_____

_____

Hacer un calendario: días y semanas

Usa la tabla para resolver los Problemas 1–2.

HORARIO DEL ALMUERZO ESCOLAR	
Día	**Comida**
Lunes	Perros calientes
Martes	Pizza
Miércoles	Pollo
Jueves	Sándwich de mantequilla de cacahaute
Viernes	Hamburguesa

1. ¿Qué día de la semana se sirve pollo en la cafetería de la escuela?

_____

2. Elliot almorzó el martes en la cafetería. ¿Qué comió?

_____

Usa la tabla para resolver los Problemas 3–6.

DEPORTES DESPUÉS DE LA ESCUELA		
Deporte	**Día**	**Hora**
Fútbol	Lunes	3:15–4:45
Béisbol	Martes	3:30–5:00
Fútbol	Miércoles	3:30–5:00
Béisbol	Jueves	3:15–4:30
Fútbol americano	Viernes	3:00–4:15

3. ¿Qué días de la semana hay práctica de fútbol?

_____

4. ¿Cuánto tiempo practica el equipo de béisbol el jueves?

_____

5. Jessica juega al fútbol y Jane al fútbol americano. ¿Qué días pueden jugar juntas después de la escuela?

_____

6. Tony tarda 15 minutos para ir desde el campo de fútbol americano hasta la casa. ¿A qué hora llega a la casa?

_____

Aplicaciones mixtas

7. Sam está leyendo un libro de 208 páginas. Ya leyó 79. ¿Cuántas páginas le faltan para terminar el libro?

_____

8. Ana tenía 12 libros de la biblioteca. Devolvió 5 y sacó 7 más. ¿Cuántos libros tiene ahora?

_____

Tiempo transcurrido: días, semanas y meses

Usa el calendario de la derecha para resolver
los Problemas 1–3.

1. Tom va a cuidar los hámsteres
de Becky del 13 al 20 de julio.
¿Cuántos días cuidará los
hámsteres? ¿Cuántas
semanas?

_____

Julio						
Do	**Lu**	**Ma**	**Mi**	**Ju**	**Vi**	**Sá**
		1	2	3	4	5
6	7	8	9	10	11	12
13	14	15	16	17	18	19
20	21	22	23	24	25	26
27	28	29	30	31		

2. Tom cuidará un gato del 5
al 19 de julio. ¿Cuántos días
cuidará el gato? ¿Cuántas
semanas?

_____

3. La familia Young sale de
vacaciones el 1 de julio por
3 semanas. ¿Cuándo regresa?

_____

Usa un calendario de seis meses para resolver los
Problemas 4–10. Escribe la fecha de 4 semanas después.

4. 6 de enero   5. 15 de marzo   6. 2 de abril   7. 29 de abril

_____   _____   _____   _____

Escribe el número de semanas transcurridas.

8. del 14 de enero
al 25 de febrero

9. del 29 de marzo
al 19 de abril

10. del 1 de mayo
al 5 de junio

_____   _____   _____

Aplicaciones mixtas

Usa un calendario de seis meses para resolver el Problema 11.

11. Lisa ensayó una obra de
teatro desde el 24 de abril
hasta el 22 de mayo. ¿Cuántas
semanas ensayó?

12. Jim es 5 años mayor que su
hermano de 9 años. ¿Qué
edad tiene Jim?

_____   _____

Estrategia para resolver problemas

Volver sobre los pasos

Vuelve sobre los pasos para resolver los siguientes problemas. Usa un calendario de seis meses para resolver los Problemas 1–2.

1. Hoy es 29 de marzo. Hace 5 días Ben compró un gatito que tenía 9 semanas de edad. ¿En qué fecha nació el gatito?

   _____

2. Hoy es 10 de junio. Hace 3 semanas que Linda está trabajando en un proyecto de arte. Compró los materiales para el proyecto 4 días antes de empezar a trabajar. ¿En qué fecha compró los materiales?

   _____

3. Carrie empezó a hacer la tarea hace 30 minutos. Antes de empezar, tardó 15 minutos en ir desde la escuela hasta la casa. Ahora son las 3:30. ¿A qué hora salió de la escuela?

   _____

4. Son las 9:30. Hace 45 minutos que Marco está juntando hojas. Antes de empezar, pasó 30 minutos desayunando. ¿A qué hora empezó a desayunar?

   _____

Aplicaciones mixtas

Halla la solución.

ELIGE UNA ESTRATEGIA

• **Hacer una tabla**   • **Representar**   • **Estimar y comprobar**   • **Escribir un enunciado numérico**

5. Jesse y Chet tienen 15 carritos. Chet tiene 3 carritos más que Jesse. ¿Cuántos carritos tiene Chet?

   _____

6. Una tienda tuvo rebajas durante 8 horas el sábado y 6 horas el domingo. ¿Cuántas horas duraron las rebajas?

   _____

7. Lucas pasó 30 minutos jugando y después leyó durante 15 minutos. Si ahora son las 10:30, ¿a qué hora empezó a jugar?

   _____

Contar billetes y monedas

Cuenta el dinero y escribe la cantidad correspondiente.

1.

_____

2.

_____

3.

_____

4.

_____

Aplicaciones mixtas

Usa los dibujos para resolver los Problemas 5–6.

5. Mark tiene un billete de 1 dólar, 2 monedas de 25¢ y una de 10¢. ¿Qué puede comprar?

_____

6. Jim tiene el dinero exacto para comprar una hamburguesa. Tiene dos billetes de 1 dólar y 5 monedas. ¿Qué monedas tiene?

_____

7. El lunes, el Sr. Harris vendió 21 perros calientes, 36 pedazos de pizza y 14 hamburguesas. ¿Cuántos más perros calientes vendió que hamburguesas?

_____

perro caliente $1.55

pizza $1.75

hamburguesa $2.09

Hacer conjuntos equivalentes

Vocabulario

Completa la oración.

1. Los conjuntos _____ tienen la misma cantidad.

___

Haz un conjunto equivalente con billetes y monedas e indica cuántos billetes y monedas usaste.

2.

_____

_____

3.

_____

_____

Haz tres conjuntos equivalentes para cada cantidad e indica cuánto usaste de cada tipo de billetes y monedas.

4. $1.60

_____

_____

_____

5. $6.50

_____

_____

_____

Aplicaciones mixtas

6. Josh tiene 7 monedas de 10¢. Julia tiene la misma cantidad en monedas de 25¢ y de 5¢. Julia tiene 6 monedas. ¿Cuántas monedas de 25¢ y de 5¢ tiene Julia?

_____

7. Tom tiene 46 monedas de 1¢, 13 de 5¢ y 21 de 10¢. ¿Cuántas monedas tiene en total?

_____

Comparar cantidades

Compara las siguientes cantidades de dinero. Escribe la
letra que corresponda a la cantidad mayor.

1. a.    **b.**

_____

2. a.     **b.**

_____

3. a.     **b.**

_____

Aplicaciones mixtas

4. Frank tiene 7 monedas de
25¢, 2 de 10¢ y 2 de 5¢. León
tiene un billete de $1 y 4
monedas de 25¢. ¿Quién tiene
más dinero?

_____

5. ¿Cómo puedes juntar 47¢
usando el menor número
de monedas?

_____

6. Sheila empezó a escalar
una montaña a las 2:15 y
llegó a la cima a las 3:00.
¿Cuánto tiempo tardó en
llegar a la cima?

_____

7. La familia Carlson recorrió
300 millas el lunes y 279
el martes. ¿Cuántas millas
más recorrió el lunes que
el martes?

_____

Dar y recibir cambio

Usa el dinero de juego. Haz una lista de las monedas que te darían de cambio si pagaras con un billete de $1.

1. $0.92   **2.** $0.35   **3.** $0.59

_____   _____   _____

_____   _____   _____

Usa el dinero de juego. Haz una lista de las monedas y billetes que te darían de cambio.

	Cantidad pagada	Precio del artículo	Cambio
4.	$1.00	$0.19	
5.	$5.00	$2.73	
6.	$6.00	$5.31	

Aplicaciones mixtas

7. Marcos compró un libro que cuesta $3.29 y pagó con $4.00. Haz una lista del cambio que recibió.

_____

8. Luisa compró un marcador por $0.39 y pagó con $1.00. ¿Cuál es el menor número de monedas que Luisa puede recibir?

_____

9. El lunes el Sr. Murphy vendió 9 bicicletas, el martes 8 y el miércoles ninguna. ¿Cuántas bicicletas vendió en los 3 días?

_____

10. El lunes había 30 pelotas en la tienda del Sr. Murphy y el viernes quedaban 12. ¿Cuántas pelotas vendió el Sr. Murphy?

_____

Sumar y restar dinero

Halla la suma.

1. $6.43 + 2.15	2. $2.59 + 1.37	3. $0.38 + 5.24	4. $3.27 + 2.06	5. $1.90 + 2.64
6. $3.94 + 2.75	7. $8.56 + 4.03	8. $9.08 + 1.35	9. $4.58 + 2.67	10. $9.50 + 7.68

Halla la diferencia.

11. $5.63 − 1.50	12. $4.93 − 1.78	13. $6.55 − 4.90	14. $4.02 − 3.91	15. $3.50 − 1.98
16. $5.00 − 3.59	17. $4.50 − 1.29	18. $10.00 − 5.20	19. $20.00 − 13.09	20. $3.80 − 1.98

Aplicaciones mixtas

Usa la tabla para resolver los Problemas 21–23.

21. David compró un sándwich por $2.25 y un refresco por $0.79. ¿Cuánto gastó en total?

COMIDA A LA VENTA	
Sándwich	$2.25
Refresco	$0.79
Yogur	$0.69
Ensalada	$3.75

22. ¿Cuánto más cuesta una ensalada que un sándwich?

23. Dorinda compró un yogur y una ensalada por $5.00. ¿Cuánto recibió de cambio?

Estrategia para resolver problemas

Escribir un enunciado numérico

Escribe un enunciado numérico para resolver los problemas.

1. Jeff compró comida para hámsteres por $2.25, una botella de agua mineral por $4.00 y un tazón por $0.79. ¿Cuánto gastó en total? ¿Cuánto cambio le devolvieron si pagó con $10.00?

2. Jake compró un rompecabezas por $2.25, un juego por $9.95 y un libro por $3.25. ¿Cuánto gastó en total? ¿Cuánto cambio le devolvieron si pagó con $20.00?

3. Corina compró tela por $2.50, hilo de coser por $0.89 y cintas por $1.55. ¿Cuánto gastó en total? ¿Cuánto cambio le devolvieron si pagó con $5.00?

4. Elizabeth compró harina para un pastel por $1.09, huevos por $1.05 y velas por $0.99. ¿Cuánto gastó en total? ¿Cuánto cambio le devolvieron si pagó con $5.00?

Aplicaciones mixtas

Halla la solución.

ELIGE UNA ESTRATEGIA

- Hacer una tabla
- Representar
- Estimar y comprobar
- Volver sobre los pasos

5. Hay 26 estudiantes en una clase. Hay 2 varones más que niñas. ¿Cuántas niñas hay en total?

6. Son las 9:30. El recreo empieza en 45 minutos. ¿A qué hora es el recreo?

7. Hoy es 24 de julio. Lisa acaba de pasar una semana en un campamento. Antes del campamento, pasó tres días en casa de una prima. ¿En qué fecha visitó Lisa a su prima?

Julio						
D	L	M	Mi	J	V	S
		1	2	3	4	5
6	7	8	9	10	11	12
13	14	15	16	17	18	19
20	21	22	23	24	25	26
27	28	29	30	31		

Maneras de usar los números

Vocabulario

Completa las oraciones.

1. Usa un número _____ para indicar una cantidad.

2. Usa un número _____ para mostrar posición u orden.

Usa la frase ¡PASA UN FELIZ FIN DE SEMANA! para resolver los Ejercicios 3–6. Responde a cada pregunta. Si tu respuesta es un número, indica si es *cardinal* u *ordinal*.

¡PASA UN FELIZ FIN DE SEMANA!

3. ¿Qué lugar ocupa la S en la palabra *PASA*?

_____

4. ¿En qué palabra está la primera letra *E*?

_____

5. ¿En qué posición se encuentra la segunda A de la palabra *SEMANA*?

_____

6. ¿Cuántas letras tiene la segunda palabra?

_____

Aplicaciones mixtas

La tabla muestra el número de libros que cada clase lee en el Maratón de lectura. Usa la tabla para resolver los Problemas 7–9.

MARATÓN DE LECTURA	
Clase	Número de libros
Sr. Chen	134
Sra. Green	129
Sr. Gómez	113
Sra. Anderson	109

7. ¿Qué clase es la tercera en leer más libros?

_____

8. ¿Qué lugar ocupa la clase de la Sra. Green en el Maratón de lectura?

_____

9. ¿Cuántos libros leyeron en total las cuatro clases?

_____

Nombre _____

Comprender las centenas

Contesta las preguntas.

1. ¿Cuántos ▢ hay en ▯ ? _____

2. ¿Cuántas equivalen a ? _____

3. ¿Cuántos ▯ hay en ? _____

4. ¿Cuántas equivalen a  ? _____

5. ¿Cuántos ▢ hay en ▦ ? _____

6. ¿Cuántas equivalen a ? _____

Escribe *verdadero* o *falso*. Cambia palabras o números de las oraciones falsas para hacerlas verdaderas.

7. Hay 100 unidades en una decena.

_____

8. Hay 10 decenas en una centena. _____

9. Hay 10 monedas de 1¢ en un dólar.

_____

Aplicaciones mixtas

10. David tiene 40 monedas de 1¢ y 4 de 10¢. ¿Cuántas monedas más de 10¢ necesita para tener $1.00?

_____

11. Nancy compró un lápiz por $0.29. Si le diera $1.00 al dependiente, ¿cuánto cambio recibiría? ¿Qué monedas podría recibir?

_____

_____

Patrones numéricos

Vocabulario

Completa las oraciones.

1. Los números que terminan en 0, 2, 4, 6 ó 8 son números _____.

2. Los números que terminan en 1, 3, 5, 7 ó 9 son números _____.

Usa una tabla con los números hasta el 100 para contestar las preguntas.

3. Cuenta de dos en dos. Salta 12 veces. ¿Dónde estás? _____

4. Cuenta de tres en tres. Salta 5 veces. ¿Dónde estás? _____

5. Cuenta de tres en tres. Salta 15 veces. ¿Dónde estás? _____

6. Cuenta de cinco en cinco. Salta 9 veces. ¿Dónde estás? _____

Indica si el número es *par* o *impar*.

7. 34	8. 15	9. 82	10. 23	11. 19
_____	_____	_____	_____	_____
12. 35	13. 81	14. 5	15. 89	16. 28
_____	_____	_____	_____	_____

Aplicaciones mixtas

17. Mary tenía $0.36 cuando llegó a la escuela. Cuando iba camino a la escuela se encontró una moneda de 1¢ y una moneda de 10¢. ¿Cuánto dinero tenía cuando salió hacia la escuela?

_____

18. Escribe los números que faltan en el siguiente patrón.

30, 33, ____, 39, 42, ____, ____

Nombre _____

LECCIÓN
8.4

Patrones de decenas

Usa patrones de decenas para hallar la suma o la diferencia.

1. $36 + 10 + 10 =$ _____

2. $49 + 10 + 10 =$ _____

3. $29 + 20 =$ _____

4. $47 + 30 =$ _____

5. $17 + 40 =$ _____

6. $47 - 30 =$ _____

7. $78 - 10 =$ _____

8. $95 - 10 - 10 =$ _____

9. $26 - 10 =$ _____

10. $54 - 30 =$ _____

11. $29 + 10 + 10 =$ _____

12. $52 + 40 =$ _____

13. $86 - 30 =$ _____

14. $39 + 40 =$ _____

15. Steve está contando hacia atrás de diez en diez: 68, 58, 38, 28, 18, 8. Escribe una oración diciendo qué error cometió.

_____

16. Soy un número entre 80 y 90. Si vas restando de diez en diez obtendrás el número 4. ¿Qué número soy?

_____

Aplicaciones mixtas

Usa la lista de precios para resolver los Problemas 17–19.

Artículo	Precio
Lápiz	$0.05
Goma de borrar	$0.10
Regla	$0.20

17. Jackie compró un lápiz y 3 gomas de borrar ¿Cuánto dinero gastó?

_____

18. Tony compró 1 lápiz, 1 goma de borrar y 1 regla. ¿Cuánto dinero gastó?

_____

19. Peter tenía $0.67. Compró 2 gomas de borrar. ¿Cuánto dinero le queda?

_____

Usar números de referencia

Vocabulario

Completa la oración.

1. Los _____ son números útiles,
como el 10, el 25, el 50 y el 100, que nos ayudan a
ver la relación que tienen con otros números.

Frasco A

10 frijoles

Frasco B

25 frijoles

Estima el número de frijoles que hay en cada frasco. Usa
los frascos A y B como números de referencia.

2.

12, 29 ó 60 _____

3.

14, 39 ó 70 _____

4.

25, 76 ó 120 _____

Escribe *más de* o *menos de* para responder a los Ejercicios 5−6.
Usa los frascos A y B como referencia para hacer la estimación.

5. ¿Hay más de 10 frijoles o menos

de 10 frijoles en el frasco X? _____

6. ¿Hay más de 25 o menos de 25

frijoles en el frasco Y? _____

Frasco X   Frasco Y

Aplicaciones mixtas

7. Tom necesita 10 frijoles para
la clase de ciencias. ¿Crees
que hay suficientes frijoles en
el frasco X? Explica tu
respuesta.

8. Bárbara necesita 50 frijoles
para un proyecto de arte.
Tiene 38 frijoles. ¿Cuántos
frijoles más necesita?

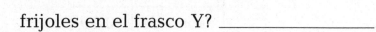

Estrategia para resolver problemas

Hacer un modelo

Haz un modelo para resolver los siguientes problemas.

1. Rosa quiere llenar una canasta con fresas. Puede poner 10 fresas en una taza. ¿Cómo puede averiguar cuántas fresas caben en la canasta?

_____

_____

_____

2. Dan está haciendo aviones de papel para la feria de la escuela. Hace 1 avión cada 5 minutos. ¿Cuántos minutos tardará en hacer 4 aviones?

_____

3. Jack se irá de campamento en una semana. Hoy es 16 de julio. ¿Cuándo saldrá de campamento?

_____

4. Mary tenía 7 monedas de 10¢ y 4 de 1¢. Ganó 6 monedas de 10¢. ¿Cuánto dinero tiene ahora?

_____

Aplicaciones mixtas

Halla la solución.

ELIGE UNA ESTRATEGIA

- **Estimar y comprobar**   - **Representar**   - **Hacer un modelo**   - **Volver sobre los pasos**

5. Roger está juntando bellotas. Tiene una bolsa llena de bellotas. ¿Cómo puede averiguar cuántas tiene aproximadamente?

_____

_____

6. Este reloj marca la hora en que Jill terminó su clase de piano. Tocó durante 45 minutos. ¿A qué hora empezó la clase?

_____

Valor de un dígito

Vocabulario

Completa la oración.

1. Los _____ son los símbolos 0, 1, 2, 3, 4, 5, 6, 7, 8 y 9.

Escribe el número representado por los bloques de base diez.

2.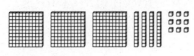

_____

3.

_____

4.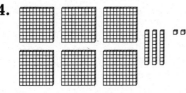

_____

5.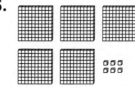

_____

Escribe cuántas centenas, decenas y unidades hay.

6. 461 _____

7. 302 _____

8. 780 _____

Escribe el valor del dígito subrayado.

9. 73<u>6</u> _____

10. <u>3</u>41 _____

11. 7<u>5</u>0 _____

12. <u>4</u>08 _____

Aplicaciones mixtas

13. Abril es el cuarto mes del año. ¿Qué mes es mayo?

14. Jackie representa el número 125 con cuentas. Bobbie le da 3 más. ¿Qué número representan ahora las cuentas de Jackie?

_____   _____

Comprender millares

5	10	15	20
25	30	35	40
45	50	55	60
65	70	75	80
85	90	95	100

Página 1

105	110	115	120
125	130	135	140
145	150	155	160
165	170	175	180
185	190	195	200

Página 2

205	210	215	220
225	230	235	240
245	250	255	260
265	270	275	280
285	290	295	300

Página 3

305	310	315	320
325	330	335	340
345	350	355	360
365	370	375	380
385	390	395	400

Página 4

405	410	415	420
425	430	435	440
445	450	455	460
465	470	475	480
485	490	495	500

Página 5

505	510	515	520
525	530	535	540
545	550	555	560
565	570	575	580
585	590	595	600

Página 6

605	610	615	620
625	630	635	640
645	650	655	660
665	670	675	680
685	690	695	700

Página 7

705	710	715	720
725	730	735	740
745	750	755	760
765	770	775	780
785	790	795	800

Página 8

805	810	815	820
825	830	835	840
845	850	855	860
865	870	875	880
885	890	895	900

Página 9

905	910	915	920
925	930	935	940
945	950	955	960
965	970	975	980
985	990	995	1000

Página 10

Observa las cuadrículas que aparecen arriba. Escribe el número de la página donde se encuentra cada uno de los siguientes números.

1. 92 _____

2. 225 _____

3. 626 _____

4. 422 _____

5. 167 _____

6. 968 _____

7. 899 _____

8. 351 _____

9. 735 _____

Aplicaciones mixtas

Usa las cuadrículas de arriba para resolver los Problemas 10–12.

10. Charlie vive en la casa número 650. ¿En qué página está el número 650?

_____

11. Escribe cuatro números que se encuentren en la página 5.

_____

12. Mary tiene 967 monedas de 1¢. ¿En qué página se encuentra

el 967? _____

Patrones de centenas y de millares

Usa patrones de centenas o de millares para hallar la
suma o la diferencia.

1. 710 + 200 _____

2. 335 + 100 _____

3. 421 − 200 _____

4. 563 − 400 _____

5. 806 + 100 _____

6. 436 + 200 _____

7. 4,271 + 1,000 _____

8. 6,702 − 1,000 _____

9. 5,326 + 2,000 _____

10. 8,763 − 8,000 _____

11. 2,196 − 1,000 _____

12. 4,305 + 3,000 _____

Aplicaciones mixtas

13. Tom tenía 250 piedras. Luego
encontró 200 más. ¿Cuántas
piedras tiene en total?

_____

14. ¿Cuánto se tarda en servir
un vaso de jugo de naranja:
1 minuto o una hora?

_____

15. Julie tenía 548 libros.
Regaló 200. ¿Cuántos libros
le quedan?

_____

16. Escribe un problema usando
lo que sabes sobre el número
de libros que Julie tiene.

_____

17. Abasi tenía 300 conchas.
Encontró 127 más. ¿Cuántas
conchas tiene ahora?

_____

_____

_____

18. Shannon tenía 200 hojas de
papel. Regaló 75. ¿Cuántas
hojas le quedan ahora?

_____

_____

Nombre _____

Comprender números grandes

Escribe cada número.

1. $30{,}000 + 5{,}000 + 300 + 20 + 1$

_____

2. $40{,}000 + 9{,}000 + 400 + 70 + 2$

_____

3. $20{,}000 + 3{,}000 + 500 + 6$

_____

4. $80{,}000 + 800 + 8$

_____

5. $70{,}000 + 200 + 80 + 9$

_____

6. $10{,}000 + 4{,}000 + 600 + 90 + 4$

_____

7. sesenta y un mil ochocientos treinta y uno

_____

8. cuarenta y tres mil quinientos cuarenta y cinco

_____

Escribe el valor del dígito subrayado.

9. 9<u>1</u>,643

_____

_____

10. <u>3</u>6,955

_____

_____

11. 72,<u>5</u>61

_____

_____

12. 15,40<u>6</u>

_____

_____

13. <u>2</u>1,789

_____

_____

14. 4<u>5</u>,632

_____

_____

Aplicaciones mixtas

15. Imagina que Mike recibió un cheque de $20,000 el lunes, otro de $9,000 el martes, otro de $100 el miércoles y otro de $28 el jueves. ¿Cuánto dinero recibió en total?

_____

16. Stacey está leyendo un libro que tiene catorce mil doscientas veintidós páginas. Escribe esta cantidad usando dígitos.

_____

Usar números grandes

Elige 1,000 ó 10,000 como número de referencia para
estimar o contar cada número.

1. 2,694   2. 1,456   3. 8,976

_____   _____   _____

4. 42,965   5. 65,981   6. 15,426

_____   _____   _____

7. 35,410   8. 4,325   9. 75,550

_____   _____   _____

Escribe *sí* o *no* para indicar si se puede calcular la cantidad de los
siguientes objetos usando 1,000 ó 10,000 como número de referencia.

10. el número de pupitres en el salón de clase _____

11. el número de asientos de un estadio de fútbol _____

12. el número de asientos de un autobús _____

Aplicaciones mixtas

13. Había 8,456 personas en
un partido de basquetbol.
Se marcharon 3,000.
¿Cuántas personas
quedan en el partido?

_____

14. Emilia tenía que ensayar con
su banda a las 3:00. El ensayo
duró 1 hora y 30 minutos.
¿A qué hora terminó?

_____

15. Una pizzería vende 3,120
pizzas por semana. ¿Qué
número de referencia usarías
para estimar la cantidad de
pizzas vendidas? Explica tu
respuesta.

_____

_____

16. La tienda de música tiene
44,261 CD. ¿Qué número de
referencia se podría usar para
estimar cuántos CD hay en
la tienda: 1,000 ó 10,000?
Explica tu respuesta.

_____

_____

Estrategia para resolver problemas

Usar una tabla

Usa la tabla para resolver los siguientes problemas.

1. La máquina de palomitas de maíz de Peggy puede hacer unas 10,000 bolsas de palomitas por semana. ¿Qué tipos de palomitas tardarían más de una semana en hacerse?

Palomitas de maíz Peggy	
Con mantequilla	15,460
Sin nada	11,326
Con caramelo	8,751
Sin sal	4,379
Con miel	1,249

2. Con una bolsa de granos de maíz se pueden hacer unas 1,000 bolsas de palomitas. ¿Cuántas bolsas necesita Peggy para hacer las palomitas con caramelo? Explica tu respuesta.

Aplicaciones mixtas

Halla la solución.

ELIGE UNA ESTRATEGIA

• Estimar y comprobar   • Representar   • Hacer un modelo   • Volver sobre los pasos

3. La suma de dos números es 37. Su diferencia es 5. ¿Cuáles son esos dos números?

4. Jim tenía $10.00. Compró un boleto para el cine de $4.00. ¿Cuánto recibió de cambio?

5. Hay 4 bolsas en el suelo. En cada bolsa hay 8 pelotas de fútbol. ¿Cuántas pelotas hay en total?

6. Joan tenía 156 tarjetas. Regaló varias y le quedaron 56. ¿Cuántas tarjetas regaló?

Comparar números

Dibuja bloques de base diez para mostrar tus modelos.
Encierra en un círculo el dibujo que muestre el
número mayor.

1. 256 y 266

2. 50 y 51

3. 136 y 138

4. 161 y 116

5. 355 y 365

6. 43 y 44

Dibuja bloques de base diez para resolver los siguientes problemas.

7. Steven tiene 4 centenas, 5 decenas y 6 unidades. Lenny tiene 5 centenas, 3 decenas y 6 unidades. ¿Quién tiene el número mayor?

8. Kristen hizo un modelo de 4 centenas, 2 decenas y 1 unidad en la página A. Hizo un modelo de 3 centenas, 0 decenas y 9 unidades en la página B. ¿Qué página muestra el número mayor?

Aplicaciones mixtas

9. Casey tiene 351 unidades. Quiere cambiar las unidades por centenas y decenas. ¿Cuántas centenas y decenas puede recibir? ¿Cuántas unidades le van a quedar?

10. Annie va a tener una fiesta. Invitó a 18 amigos, pero 7 de ellos no pueden venir. ¿Cuántos amigos van a estar en la fiesta?

Más sobre la comparación de números

Compara los siguientes números. Escribe $<$, $>$ o $=$ en cada $\bigcirc$.

1.
D	U		D	U
4	5		7	4

45 $\bigcirc$ 74

2.
D	U		D	U
6	3		8	3

63 $\bigcirc$ 83

3.
D	U		D	U
2	2		2	4

22 $\bigcirc$ 24

4.
C	D	U		C	D	U
4	2	1		4	1	1

421 $\bigcirc$ 411

5.
C	D	U		C	D	U
2	4	3		3	4	2

243 $\bigcirc$ 342

6.
C	D	U		C	D	U
1	2	0		1	3	0

120 $\bigcirc$ 130

7. 25 $\bigcirc$ 32

8. 54 $\bigcirc$ 69

9. 45 $\bigcirc$ 44

10. 13 $\bigcirc$ 14

11. 254 $\bigcirc$ 255

12. 451 $\bigcirc$ 448

13. 621 $\bigcirc$ 612

14. 789 $\bigcirc$ 790

Aplicaciones mixtas

15. Jillian gastó $52 en un vestido. Melinda gastó $55 en otro vestido. ¿Quién gastó más?

_____

16. Kevin tiene 210 estampillas. Eric tiene 212 estampillas. ¿Quién tiene más?

_____

17. Lisa vive en la casa número 125. Julia vive en la casa número 135. ¿Quién vive en la casa con el número mayor ?

_____

18. José comió 12 galletas el miércoles y 15 el jueves. ¿Qué día comió más galletas?

_____

19. Lisa gastó $12.00 en entradas para el cine, $3.00 en palomitas de maíz y $2.50 en refrescos. La amiga de Lisa gastó $17.75. ¿Cuál de las dos gastó más?

_____

20. El almuerzo de Cedric cuesta $2.30. Tiene un billete de un dólar, 3 monedas de 25¢ y 5 de 10¢. ¿Podrá pagar la cuenta?

_____

Ordenar números

Escribe los siguientes números de menor a mayor. Usa las
rectas numéricas.

440   445   450   455   460   465   470

1. 445, 451, 450   **2.** 456, 449, 468   **3.** 470, 462, 468

_____   _____   _____

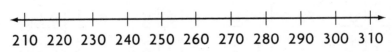

210 220 230 240 250 260 270 280 290 300 310

4. 221, 210, 235   **5.** 305, 275, 255   **6.** 246, 232, 310

_____   _____   _____

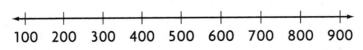

100   200   300   400   500   600   700   800   900

7. 232, 150, 323   **8.** 560, 595, 499   **9.** 900, 760, 443

_____   _____   _____

Ordena los siguientes números de mayor a menor.

10. 165, 132, 169   **11.** 87, 110, 56   **12.** 254, 124, 304

_____   _____   _____

Aplicaciones mixtas

13. ¿La G es la sexta, la séptima o
la octava letra del alfabeto?

14. Shawn gastó $2.89. ¿Cuánto
cambio recibirá si paga con
$10.00?

_____   _____

15. La maestra de arte de Mona
da clase en los siguientes
salones: 15, 25, 28, 16, 22, 21,
29 y 20. Ordena los números
de los salones de clase de
menor a mayor.

16. Mindy y su familia gastaron
$132, $120, $145 y $125 en
comida durante cuatro días
de vacaciones. Ordena estas
cantidades de mayor a menor.

_____   _____

Nombre _____

Estrategia para resolver problemas

Hacer un dibujo

Haz un dibujo para resolver los siguientes problemas.

1. Tres niñas van a visitar a sus abuelas. Sara recorre 125 millas; Tara 146 y Lisa 136. ¿Quién viaja más lejos?

2. Scott pagó $234 por una videocasetera. Janet pagó $324. ¿Quién pagó más por la videocasetera? ¿Qué diferencia hay entre los dos precios?

3. Tres gasolineras están en competencia. La de Harry vende 1 galón de gasolina a $1.39; la de Jake, a $1.42, y la de Shelly, a $1.36. Ordena los precios del más barato al más caro.

4. El tercer grado de la Sra. Kay está estimando cuántos cacahuates hay en un frasco. Josh estima que hay 42. Maggie dice que hay 37. Hay 40 cacahuates. ¿Quién está más cerca en su estimación?

Aplicaciones mixtas

Halla la solución.

ELIGE UNA ESTRATEGIA

• Hacer un dibujo   • Representar   • Hallar el patrón   • Hacer un modelo

5. En septiembre Molly escribía a máquina 12 palabras por minuto. En junio escribía 45 palabras por minuto. ¿Qué diferencia de palabras hay entre septiembre y junio?

6. En un camino la distancia entre poste y poste es siempre la misma. El primer poste indica 3 millas y el segundo, 6. ¿Qué indica el cuarto poste?

7. Ordena de mayor a menor el número de vasos vendidos cada día.

Venta de limonada	
Viernes	36 vasos
Sábado	121 vasos
Domingo	110 vasos
Lunes	45 vasos

Redondear a decenas y centenas

Redondea los siguientes números a la centena más
próxima. Usa la recta numérica.

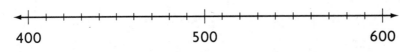

400   500   600

1. 564   **2.** 412   **3.** 525   **4.** 578   **5.** 445

_____   _____   _____   _____   _____

Redondea los siguientes números a la centena más
próxima. Puedes usar una recta numérica.

6. 754   **7.** 316   **8.** 283   **9.** 621   **10.** 489

_____   _____   _____   _____   _____

Escribe entre qué dos decenas o centenas se encuentra
cada número. Luego redondea y escribe ese número.

11. 25   **12.** 85   **13.** 250   **14.** 5

_____   _____   _____   _____

_____   _____   _____   _____

Aplicaciones mixtas

15. Tyrone tiene 24 gorras de
béisbol. ¿El número de gorras
que tiene está más cerca del
20 o del 30?

_____

16. La película empieza a las
4:15. Dura dos horas. ¿A qué
hora termina?

_____

17. Lindsay tiene 132 ositos
de peluche. Redondeando
a la centena más próxima,
¿cuántos ositos de
peluche tiene Lindsay?

_____

18. Alyssa vive a 150 millas de
Riverdale, a 132 de Flagville
y a 164 de Clayton. ¿Qué
ciudad está más cerca de
su casa?

_____

Más sobre el redondeo

Redondea a la decena o a los diez dólares más próximos.

1. 16   **2.** 69   **3.** 44   **4.** 87   **5.** 21

_____   _____   _____   _____   _____

6. $25   **7.** $53   **8.** $92   **9.** $66   **10.** $71

_____   _____   _____   _____   _____

Redondea a la centena o a los cien dólares más próximos.

11. 338   **12.** 426   **13.** 845   **14.** 650   **15.** 562

_____   _____   _____   _____   _____

16. $135   **17.** $256   **18.** $349   **19.** $750   **20.** $315

_____   _____   _____   _____   _____

Usa los dígitos 1, 3 y 5. Escribe un número que
redondeado resulte en el número dado.

21. 300   **22.** 400   **23.** 500   **24.** 100

Aplicaciones mixtas

25. Suzy ha obtenido un total de 259 puntos en las pruebas de matemáticas. Si redondeamos sus puntos a la centena más próxima, ¿el número será 200 ó 300?

26. Maurice tiene $30.00. ¿Puede comprar un libro por $16.00, un casete por $12.00 y una revista por $2.50?

27. Soy un número entre 53 y 73. Si me redondeas a la decena más próxima, me convierto en 60. ¿Qué número soy?

28. Kelly tiene 15 discos y Monroe 19. ¿Quién tiene más discos? ¿Cuál es la diferencia?

Hacer grupos iguales

Usa fichas para averiguar cuántos hay. Haz un dibujo del modelo.

1. 1 grupo de 5   **2.** 2 grupos de 6   **3.** 2 grupos de 2

4. 4 grupos de 5   **5.** 8 grupos de 2   **6.** 6 grupos de 5

Observa cada uno de los siguientes dibujos. Escribe cuántas frutas hay en total.

7. 9 grupos de 2 = _____

8. 3 grupos de 5 = _____

9. 3 grupos de 2 = _____

10. 7 grupos de 5 = _____

11. 5 grupos de 2 = _____

12. 8 grupos de 2 = _____

Aplicaciones mixtas

13. Hay 5 niños que llevan guantes. ¿Cuántos guantes hay en total?

_____

14. En una bolsa caben 5 galletas. ¿Cuántas galletas caben en 5 bolsas?

_____

15. Tom necesita 15 naranjas. ¿Tendrá las naranjas que necesita si compra 3 paquetes de 5 naranjas cada uno?

_____

16. Ann necesita 12 lápices. En la tienda venden lápices en paquetes de dos. ¿Cuántos paquetes tiene que comprar?

_____

Multiplicar por 2 y por 5

Encierra en un círculo la palabra que mejor complete cada oración.

1. Los (factores/productos) son los números que se multiplican.

2. El resultado de un operación de multiplicación se llama (factor/producto).

Suma y multiplica para hallar cuántos hay en total.

3. ♠♠♠♠♠ ♠♠♠♠♠ ♠♠♠♠♠

$5 + 5 + 5 =$ _____

$3 \times 5 =$ _____

4. ⚽⚽ ⚽⚽ ⚽⚽ ⚽⚽ ⚽⚽

$2 + 2 + 2 + 2 + 2 =$ _____

$5 \times 2 =$ _____

Escribe el enunciado de suma y el enunciado de multiplicación correspondiente.

5. XXXXXXXXX XXXXXXXXX

6. JJJJJJ JJJJJJ JJJJJJ JJJJJJ JJJJJJ

7. KK KK KK

_____   _____   _____

_____   _____   _____

Halla el producto. Puedes hacer un dibujo.

8. $7 \times 5 =$ _____   9. $3 \times 2 =$ _____   10. $8 \times 5 =$ _____   11. $2 \times 2 =$ _____

12. $9 \times 5 =$ _____   13. $2 \times 5 =$ _____   14. $5 \times 6 =$ _____   15. $8 \times 2 =$ _____

Aplicaciones mixtas

16. Susana compró 4 paquetes de rollos de película. En cada paquete hay 5 rollos. ¿Cuántos rollos compró Susana?

17. Tom tiene 5 plumas azules y 2 rojas. Sam tiene 16 plumas verdes. ¿Cuántas más plumas tiene Sam que Tom?

_____

_____

Estrategia para resolver problemas

Hacer un dibujo

Haz un dibujo para resolver los siguientes problemas.

1. Un piso está cubierto con 8 hileras de baldosas. Cada hilera tiene 5 baldosas. ¿Cuántas baldosas cubren el piso?

   _____

2. Hay 9 jugadores de béisbol entrenando. Cada jugador hace 5 lanzamientos. ¿Cuántos lanzamientos hacen en total?

   _____

3. Randall tiene 6 monedas en el bolsillo. Tiene en total $0.62. ¿Qué monedas tiene en el bolsillo?

   _____

4. Lisa vio 9 películas en abril, 8 en mayo y 5 en junio. ¿Cuántas películas vio en esos tres meses?

   _____

Aplicaciones mixtas

Halla la solución.

┌─── ELIGE UNA ESTRATEGIA ───┐

- Representar
- Hacer un modelo
- Hallar el patrón
- Escribir un enunciado numérico
- Hacer un dibujo

5. Alice usó 5 cintas en cada uno de los disfraces que hizo. Hizo 7 disfraces. ¿Cuántas cintas usó?

   _____

6. Chris compró una cinta que cuesta $3.95. Pagó con $5.00. ¿Cuánto cambio recibió?

   _____

7. Karen usó el siguiente patrón para hacer un brazalete: 1 cuenta roja por cada 4 cuentas blancas. Usó 30 cuentas. ¿Cuántas cuentas rojas usó?

   _____

8. En un tren había 13 personas. Cuando el tren paró, 6 personas se bajaron y 9 se subieron. ¿Cuántas personas hay ahora en el tren?

   _____

Multiplicar por 3

Completa el enunciado de multiplicación correspondiente
a cada recta numérica.

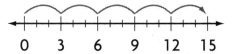

| 0 | 3 | 6 | 9 | 12 | 15 |

| 0 | 5 | 10 | 15 |

1. $5 \times 3 =$ _____

2. $3 \times 5 =$ _____

Usa la recta numérica. Halla el producto de las siguientes
operaciones.

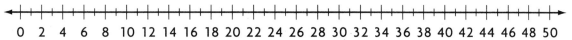

0 2 4 6 8 10 12 14 16 18 20 22 24 26 28 30 32 34 36 38 40 42 44 46 48 50

3. $5 \times 5 =$ _____   **4.** $4 \times 3 =$ _____   **5.** $9 \times 3 =$ _____   **6.** $2 \times 3 =$ _____

7. $4 \times 5 =$ _____   **8.** $3 \times 8 =$ _____   **9.** $7 \times 2 =$ _____   **10.** $3 \times 3 =$ _____

11. $9 \times 5 =$ _____   **12.** $6 \times 3 =$ _____   **13.** $2 \times 2 =$ _____   **14.** $5 \times 3 =$ _____

15. $8 \times 2 =$ _____   **16.** $5 \times 9 =$ _____   **17.** $2 \times 9 =$ _____   **18.** $6 \times 5 =$ _____

19. $5 \times 4 =$ _____   **20.** $3 \times 9 =$ _____   **21.** $5 \times 2 =$ _____   **22.** $7 \times 3 =$ _____

Aplicaciones mixtas

23. Kia tiene 6 bolsas de naranjas.
Hay 3 naranjas en cada
bolsa. ¿Cuántas naranjas
tiene en total?

_____

24. Cada una de las 3 hermanas
de Zack tiene un triciclo.
¿Cuántas ruedas hay en total?

_____

25. Brendon corrió 2 millas
diarias durante 8 días. Teo
corrió 8 millas diarias durante
2 días. Brendon dice que él
corrió más millas en total que
Teo. ¿Tiene razón?

_____

26. Keisha salió de la casa a las
3:15 y manejó durante 45
minutos hasta la casa de Diana.
Keisha se quedó 2 horas en la
casa de Diana. ¿A qué hora se
fue Keisha de allí?

_____

Multiplicar por 1 y por 0

Completa el enunciado de multiplicación para mostrar el número de zapatos.

 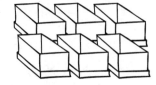

1. $3 \times 1 =$ _____   **2.** $6 \times 0 =$ _____   **3.** $1 \times 2 =$ _____

Halla el producto.

4. $8 \times 0 =$ _____   **5.** $1 \times 6 =$ _____   **6.** $0 \times 5 =$ _____   **7.** $9 \times 1 =$ _____

8. $1 \times 4 =$ _____   **9.** $0 \times 3 =$ _____   **10.** $1 \times 8 =$ _____   **11.** $0 \times 1 =$ _____

12. $0 \times 0 =$ _____   **13.** $5 \times 1 =$ _____   **14.** $7 \times 0 =$ _____   **15.** $2 \times 5 =$ _____

16. $5 \times 4 =$ _____   **17.** $6 \times 3 =$ _____   **18.** $3 \times 7 =$ _____   **19.** $8 \times 2 =$ _____

Aplicaciones mixtas

20. Maya come 3 frutas al día. ¿Cuántas frutas come en una semana?

_____

21. Rick tiene 7 monedas de 5¢. ¿Cuánto dinero tiene en total?

_____

22. Beth gastó $4.50 en el almuerzo. Peter gastó $1.85 menos que Beth. ¿Cuánto gastó Peter?

_____

23. La Sra. Ramírez le lee un libro a su hijo cada día. ¿Cuántos libros lee en 9 días?

_____

24. El almuerzo de Alberto costó $2.89. Le dio al dependiente $3.00. ¿Cuánto cambio recibió?

_____

25. Jon tiene 9 monedas en el bolsillo. El valor total es $0.80. ¿Qué monedas tiene en el bolsillo?

_____

Nombre _____

Multiplicar por 4

Halla el producto. Puedes usar una tabla de multiplicar.

| 1. | 4
 × 4 | 2. | 1
 × 4 | 3. | 4
 × 7 | 4. | 9
 × 4 | 5. | 4
 × 3 | 6. | 2
 × 4 | 7. | 4
 × 8 |

1. 4 × 4   2. 1 × 4   3. 4 × 7   4. 9 × 4   5. 4 × 3   6. 2 × 4   7. 4 × 8

8. 0 × 4   9. 5 × 4   10. 3 × 2   11. 2 × 4   12. 1 × 4   13. 7 × 3   14. 9 × 2

15. 8 × 2   16. 3 × 5   17. 5 × 1   18. 6 × 5   19. 0 × 3   20. 1 × 2   21. 7 × 0

22. $4 \times 6 =$ _____   23. $1 \times 0 =$ _____   24. $5 \times 3 =$ _____   25. $0 \times 9 =$ _____

26. $4 \times 0 =$ _____   27. $5 \times 4 =$ _____   28. $1 \times 0 =$ _____   29. $8 \times 3 =$ _____

Aplicaciones mixtas

Usa la tabla para resolver los
Problemas 30–33.

30. ¿Cómo puedes usar la
multiplicación para hallar la
cantidad total de cada tipo de
árbol que hay en el vivero?

_____

_____

31. ¿Cuántos árboles hay en total?

_____

32. ¿Cuántos más pinos que
abetos hay?

_____

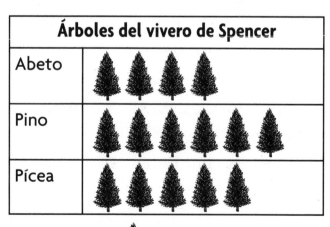

Árboles del vivero de Spencer

Abeto	
Pino	
Pícea	

Clave: Cada 🌲 equivale a 5 árboles.

33. ¿Qué tipo de árbol hay más
en el vivero? ¿Cuántos
árboles de ese tipo hay?

_____

Multiplicar por 6

Vocabulario

Completa la oración.

1. Una _____ representa objetos en hileras y columnas. En las matrices de multiplicación, el primer factor es el número de hileras, y el segundo factor, el número de columnas.

Usa fichas cuadradas para hacer matrices. Halla el producto.

2. $5 \times 3 =$ _____   3. $2 \times 6 =$ _____   4. $4 \times 5 =$ _____

Escribe el enunciado de multiplicación representado en cada matriz.

5.
6.
7.

_____   _____   _____

Completa la tabla.

8.	×	1	2	3	4	5	6	7	8	9
	6									

Escribe todas las matrices que puedes hacer con cada grupo de fichas cuadradas.

9. 8 fichas cuadradas   10. 9 fichas cuadradas   11. 16 fichas cuadradas

_____   _____   _____

_____   _____   _____

Aplicaciones mixtas

12. Al compró 4 hileras de estampillas. En cada hilera hay 5 estampillas. ¿Cuántas estampillas compró?

13. Jo tenía 100 estampillas. Ha usado 12. ¿Cuántas estampillas le quedan?

_____   _____

Multiplicar por 7

Haz dos matrices más pequeñas para cada una de las siguientes matrices. Luego halla cada producto.

1.

2.

3.

_____   _____   _____

_____   _____   _____

Completa la tabla.

4. ×	1	2	3	4	5	6	7	8	9
7									

Halla el producto.

5. $4 \times 8 =$ _____   6. $7 \times 6 =$ _____   7. $5 \times 9 =$ _____

Aplicaciones mixtas

8. Justin se va de campamento por 3 semanas. ¿Cuántos días pasará en el campamento? ¿Cuántos días estará en el campamento si regresa una semana antes?

_____

9. El recreo empieza a las 10:15 y dura 15 minutos. Dibuja las manecillas del reloj para indicar a qué hora termina el recreo.

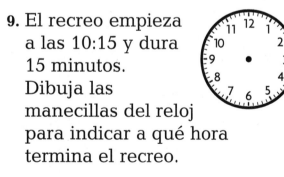

10. Patrick ha comprado 5 lápices que cuestan $0.07 cada uno. Si paga con $1.00, ¿cuánto cambio recibirá?

_____

11. El calendario de Carrie indica que es el 5 de abril. Carrie va a cumplir años en 2 semanas. ¿En qué fecha es su cumpleaños?

_____

Multiplicar por 8

Escribe dos matrices más pequeñas para cada una de las
siguientes matrices. Halla el producto de dichas matrices.

1.

2.

3.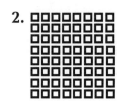

_____   _____   _____

_____   _____   _____

Completa la tabla.

4.

×	1	2	3	4	5	6	7	8	9
8	___	___	___	___	___	___	___	___	___

Halla el producto.

5. $3 \times 6 =$ _____   **6.** $8 \times 7 =$ _____   **7.** $9 \times 3 =$ _____   **8.** $4 \times 7 =$ _____

9.   7
   $\times 2$

10.   6
   $\times 5$

11.   8
   $\times 7$

12.   9
   $\times 3$

13.   4
   $\times 6$

Aplicaciones mixtas

Usa los dibujos para resolver los Problemas 14–15.

14. ¿Cuántas patas en total tienen
3 arañas? ¿Y 3 hormigas?

_____

15. ¿Cuántas hormigas hacen
falta para igualar el número
de patas que tienen 3 arañas?
¿Y 6 arañas?

_____

Multiplicar por 9

Completa la tabla.

1.	×	1	2	3	4	5	6	7	8	9
	9	___	___	___	___	___	___	___	___	___

Halla el producto.

2. $\begin{array}{r} 9 \\ \times\, 3 \\ \hline \end{array}$
3. $\begin{array}{r} 4 \\ \times\, 8 \\ \hline \end{array}$
4. $\begin{array}{r} 9 \\ \times\, 8 \\ \hline \end{array}$
5. $\begin{array}{r} 9 \\ \times\, 5 \\ \hline \end{array}$
6. $\begin{array}{r} 6 \\ \times\, 8 \\ \hline \end{array}$

7. $\begin{array}{r} 5 \\ \times\, 7 \\ \hline \end{array}$
8. $\begin{array}{r} 4 \\ \times\, 9 \\ \hline \end{array}$
9. $\begin{array}{r} 8 \\ \times\, 8 \\ \hline \end{array}$
10. $\begin{array}{r} 6 \\ \times\, 9 \\ \hline \end{array}$
11. $\begin{array}{r} 9 \\ \times\, 2 \\ \hline \end{array}$

12. $\begin{array}{r} 4 \\ \times\, 4 \\ \hline \end{array}$
13. $\begin{array}{r} 7 \\ \times\, 7 \\ \hline \end{array}$
14. $\begin{array}{r} 7 \\ \times\, 9 \\ \hline \end{array}$
15. $\begin{array}{r} 2 \\ \times\, 6 \\ \hline \end{array}$
16. $\begin{array}{r} 4 \\ \times\, 6 \\ \hline \end{array}$

17. $3 \times 8 =$ _____
18. $5 \times 4 =$ _____
19. $5 \times 1 =$ _____

20. $7 \times 4 =$ _____
21. $6 \times 6 =$ _____
22. $5 \times 9 =$ _____

23. $8 \times 7 =$ _____
24. $3 \times 2 =$ _____

Aplicaciones mixtas

Usa la tabla para resolver los Problemas 25–26.

25. Ben compró 4 bolígrafos en la librería escolar. ¿Cuánto dinero gastó?

_____

26. Joanna pagó con 6 monedas las 3 gomas de borrar que compró. Indica qué monedas usó.

Lista de precios de la librería	
Lápiz	5¢
Goma de borrar	8¢
Bolígrafo	9¢

27. ¿Cuál es la diferencia entre el producto de 5×10 y el producto de 5×9?

_____

Estrategia para resolver problemas

Hacer un modelo

Haz un modelo y resuelve los siguientes problemas.

1. Jeff ha colocado 5 estampillas en cada hilera de una página de su álbum. Completó 7 hileras. ¿Cuántas estampillas tiene en total?

_____

2. En el aparador de la Sra. Acuña hay 3 hileras de tazas. Hay 7 tazas en cada hilera. ¿Cuántas tazas hay en total?

_____

3. Nick cortó una bandeja de brownies en 6 hileras. En cada hilera hay 8 brownies. ¿Cuántos brownies hay en total?

_____

4. Lisa puso 4 hileras de velitas en el pastel de cumpleaños de su padre. Hay 8 velitas en cada hilera. ¿Cuántas velitas hay en el pastel?

_____

Aplicaciones mixtas

Halla la solución.

```
ELIGE UNA ESTRATEGIA
```

• Volver sobre los pasos   • Estimar y comprobar   • Representar   • Hacer un modelo

5. Son las 10:30. Jack estuvo jugando al basquetbol durante 1 hora y acaba de terminar. Antes de ponerse a jugar, leyó durante 30 minutos. ¿A qué hora comenzó a leer?

_____

6. El Sr. McDonald tiene, entre vacas y caballos, 20 animales. Tiene 4 vacas más que caballos. ¿Cuántas vacas tiene? ¿Y cuántos caballos?

_____

7. El libro de Gina tiene 145 páginas y el de Anne tiene 200. ¿Cuántas más páginas tiene el libro de Anne que el de Gina?

_____

8. David tiene 7 monedas. Sólo tiene monedas de 1¢, de 5¢ y de 10¢. Tiene más monedas de 5¢ que de 1¢ y más monedas de 10¢ que de 5¢. ¿Cuánto dinero tiene?

_____

Completar la tabla de multiplicar

Usa la tabla de multiplicar para hallar los siguientes productos.

1.	5	2.	6	3.	8	4.	9	5.	0
	$\times 7$		$\times 7$		$\times 4$		$\times 3$		$\times 7$

6.	6	7.	4	8.	5	9.	4	10.	8
	$\times 8$		$\times 7$		$\times 9$		$\times 4$		$\times 3$

Usa la tabla de multiplicar para resolver los Ejercicios 11–13.

11. Encierra en un círculo todos los productos impares que hay en la tabla de multiplicar.

×	0	1	2	3	4	5	6	7	8	9
0	0	0	0	0	0	0	0	0	0	0
1	0	1	2	3	4	5	6	7	8	9
2	0	2	4	6	8	10	12	14	16	18
3	0	3	6	9	12	15	18	21	24	27
4	0	4	8	12	16	20	24	28	32	36
5	0	5	10	15	20	25	30	35	40	45
6	0	6	12	18	24	30	36	42	48	54
7	0	7	14	21	28	35	42	49	56	63
8	0	8	16	24	32	40	48	56	64	72
9	0	9	18	27	36	45	54	63	72	81

12. ¿La mayoría de los productos son pares o impares?

_____

13. ¿El producto de dos factores impares es par o impar?

_____

Aplicaciones mixtas

14. Hay 4 hileras de escritorios. En cada hilera hay 6 escritorios. ¿Cuántos escritorios hay en total?

_____

15. Scott tiene 100 monedas de 10¢. ¿A cuántos dólares equivalen esas monedas?

_____

16. Hay 29 niños en la clase de Stan, 28 en la de Leo y 32 en la de Ben. Ordena el número de niños de menor a mayor.

_____

17. Tamara tiene 2 monedas de 25¢ y 4 de 10¢. Paola tiene 3 monedas de 25¢ y 5 de 5¢. ¿Quién tiene más dinero?

_____

Explorar la división

1. Usa 15 fichas. Haz el mayor número de grupos iguales que puedas. Escribe enunciados de división para llevar un registro de lo que has hecho.

_____

_____

Completa la tabla. Usa fichas.

	Fichas	¿Cuántos grupos hay?	¿Cuántas fichas hay en cada grupo?
2.	10	2	
3.	12		6
4.	16	4	
5.	18		6
6.	21	3	

Aplicaciones mixtas

7. Jack gastó 18¢ en lápices. ¿Cuántos lápices compró?

_____

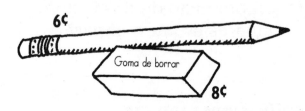

6¢

Goma de borrar

8¢

8. Mary gastó 24¢ en gomas de borrar. ¿Cuántas gomas de borrar compró?

9. Bill compró 6 lápices. Pagó con un billete de $1. ¿Cuánto cambio recibió?

_____

10. Hay 24 estudiantes trabajando en grupos de 4 en varios proyectos de ciencias. ¿Cuántos grupos hay?

11. El producto de dos números es 24. La diferencia entre esos números es 5. ¿Cuáles son esos dos números?

_____

Relacionar la resta y la división

Muestra cómo se puede usar la resta para hallar la solución.

1. $12 \div 3 =$ _____

2. $20 \div 4 =$ _____

_____   _____

_____   _____

3. $30 \div 5 =$ _____

4. $6 \div 2 =$ _____

_____   _____

_____   _____

Escribe el enunciado de división que expresa la repetición de la resta.

5.
$$
\begin{array}{cccccc}
18 & 15 & 12 & 9 & 6 & 3 \\
-3 & -3 & -3 & -3 & -3 & -3 \\
\hline
15 & 12 & 9 & 6 & 3 & 0
\end{array}
$$

6.
$$
\begin{array}{ccc}
18 & 12 & 6 \\
-6 & -6 & -6 \\
\hline
12 & 6 & 0
\end{array}
$$

_____   _____

7.
$$
\begin{array}{ccccc}
10 & 8 & 6 & 4 & 2 \\
-2 & -2 & -2 & -2 & -2 \\
\hline
8 & 6 & 4 & 2 & 0
\end{array}
$$

8.
$$
\begin{array}{cccccc}
24 & 20 & 16 & 12 & 8 & 4 \\
-4 & -4 & -4 & -4 & -4 & -4 \\
\hline
20 & 16 & 12 & 8 & 4 & 0
\end{array}
$$

_____   _____

Aplicaciones mixtas

9. Cathy va a usar 18 calcomanías para hacer tarjetas. Pone 3 calcomanías en cada tarjeta. ¿Cuántas tarjetas puede hacer en total?

10. Paula, Anita, Alan y Jesse se repartieron en partes iguales una bolsa de 36 canicas. ¿Cuántas canicas le tocaron a cada uno?

_____   _____

Relacionar la multiplicación y la división

Vocabulario

Subraya la palabra correcta que completa cada uno de los siguientes enunciados de división.

1. El *dividendo* /*cociente* es el número que se divide.

2. El *cociente* /*divisor* es el número que divide al dividendo.

3. El resultado es el *divisor* /*cociente*.

4. La multiplicación y la división son operaciones opuestas, es decir *idénticas* /*inversas*.

Usa la matriz para hallar el cociente.

5.

$20 \div 4 =$ _____

6.

$21 \div 3 =$ _____

7.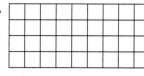

$36 \div 4 =$ _____

Escribe el factor que falta en cada enunciado numérico.

8. $3 \times$ _____ $= 27$ $27 \div 3 =$ _____

9. $5 \times$ _____ $= 40$ $40 \div 5 =$ _____

10. $6 \times$ _____ $= 18$ $18 \div 6 =$ _____

11. $8 \times$ _____ $= 32$ $32 \div 8 =$ _____

Comprueba el resultado de cada división con una multiplicación. Muestra los pasos que seguiste.

12. $30 \div 6 =$ _____

13. $18 \div 2 =$ _____

14. $25 \div 5 =$ _____

_____   _____   _____

Aplicaciones mixtas

15. Las pelotas de tenis se venden en paquetes de 3. ¿Cuántos paquetes tiene que comprar el Sr. Campbell si quiere comprar 15 pelotas?

16. Tom tiene 3 monedas de 10¢, 8 de 5¢ y 3 de 1¢. ¿Cuánto dinero le falta para comprar un helado de 75¢?

_____   _____

Familias de operaciones

Vocabulario

Llena el espacio en blanco para completar la siguiente oración.

1. Una _____ es una serie de enunciados de multiplicación y de división que usan los mismos números.

Escribe los otros tres enunciados numéricos correspondientes a cada familia de operaciones.

2. $6 \times 3 = 18$

3. $4 \times 5 = 20$

4. $2 \times 7 = 14$

Escribe la familia de operaciones correspondiente a cada conjunto de números.

5. 4, 9, 36

6. 8, 3, 24

7. 6, 4, 24

8. 6, 6, 36

9. 7, 7, 49

10. 5, 5, 25

Aplicaciones mixtas

11. Beth cortó una cinta de 36 pulgadas de largo en 4 pedazos iguales. ¿Cuánto mide cada pedazo?

12. Frank gastó $2.75. Le quedaron $2.50. ¿Cuánto dinero tenía al principio?

Nombre _____

LECCIÓN
13.5

Practicar operaciones de división hasta 5

Escribe el enunciado de multiplicación que puedes usar
para hallar el cociente. Escribe el cociente.

1. $30 \div 6 =$ _____

2. $25 \div 5 =$ _____

3. $27 \div 3 =$ _____

_____

_____

_____

4. $21 \div 7 =$ _____

5. $16 \div 4 =$ _____

6. $36 \div 9 =$ _____

_____

_____

_____

7. $18 \div 3 =$ _____

8. $45 \div 9 =$ _____

9. $28 \div 4 =$ _____

_____

_____

_____

10. $12 \div 4 =$ _____

11. $27 \div 9 =$ _____

12. $20 \div 5 =$ _____

_____

_____

_____

13. $32 \div 8 =$ _____

14. $40 \div 5 =$ _____

15. $21 \div 3 =$ _____

_____

_____

_____

16. $15 \div 5 =$ _____

17. $9 \div 3 =$ _____

18. $16 \div 2 =$ _____

_____

_____

_____

Aplicaciones mixtas

19. Un paquete de creyones fue repartido en partes iguales entre 4 estudiantes. Cada estudiante recibió 9 creyones. ¿Cuántos creyones había en el paquete?

_____

20. La clase de música empezó a las 10:45. Los estudiantes cantaron durante 20 minutos y escucharon música durante 10 minutos. ¿A qué hora terminó la clase?

_____

21. Una tienda vende 4 globos por $0.45. ¿Cuánto costarán 8 globos?

_____

22. Phil va a cambiar sus 40 monedas de 5¢ por monedas de 25¢. ¿Cuántas monedas de 25¢ va a recibir?

_____

P76 POR MI CUENTA

Elegir entre la división y la multiplicación

Encierra con un círculo la letra *a* o *b* para indicar qué
enunciado numérico eligirías para resolver cada problema.
Luego escribe el resultado.

1. Hay 9 mesas en la clase de
   arte. En cada mesa se sientan
   3 estudiantes. ¿Cuántos
   estudiantes hay en total?

   a. $9 \times 3 = 27$

   b. $9 \div 3 = 3$

   _____

2. Kyla tiene 10 zapatos en el
   armario. ¿Cuántos pares de
   zapatos tiene?

   a. $10 \times 2 = 20$

   b. $10 \div 2 = 5$

   _____

3. David quiere comprar 8 pilas.
   Las pilas se venden en
   paquetes de 4. ¿Cuántos
   paquetes tiene que comprar?

   a. $8 \times 4 = 32$

   b. $8 \div 4 = 2$

   _____

4. Pam tomó clases de arte 8
   sábados. Cada clase duró 2
   horas. ¿Cuántas horas en
   total pasó Pam en las
   clases de arte?

   a. $8 \times 2 = 16$

   b. $8 \div 2 = 4$

   _____

Aplicaciones mixtas

5. Diana compró una pelota y
   una cuerda para saltar. Pagó
   con 1 billete de $1. ¿Cuál es el
   menor número de monedas
   que podría recibir de cambio?

   _____

   _____

   _____

Venta de juguetes

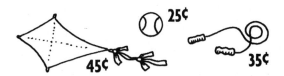

45¢   25¢   35¢

6. Josh compró una cometa con
   monedas de 5¢ solamente.
   ¿Con cuántas monedas de 5¢
   pagó?

   _____

7. Diana saltó la cuerda durante
   3 semanas. ¿Cuántos días
   saltó la cuerda?

   _____

Estrategia para resolver problemas

Escribir un enunciado numérico

Escribe un enunciado numérico para resolver los siguientes problemas. Luego escribe el resultado.

1. La Sra. Scott compró 3 paquetes de perros calientes. Cada paquete contiene 8. ¿Cuántos perros calientes compró en total?

_____

2. Una clase de 27 estudiantes está trabajando en un proyecto de arte en grupos de 3. ¿Cuántos grupos hay?

_____

3. Melissa tomó 24 fotografías. Puso 4 fotos en cada página de su álbum. ¿Cuántas páginas usó?

_____

4. Tim plantó 5 hileras de maíz. Hay 6 plantas en cada hilera. ¿Cuántas plantas hay en total?

_____

Aplicaciones mixtas

Halla la solución.

ELIGE UNA ESTRATEGIA

• Estimar y comprobar • Representar • Hacer un modelo • Hacer un dibujo
• Escribir un enunciado numérico

5. ¿Cuántas bicicletas más se vendieron en mayo que en abril?

_____

Venta de bicicletas	
Marzo	78
Abril	125
Mayo	209

6. Hay 5 sillas en cada lado de una mesa cuadrada. ¿Cuántas sillas hay en total?

_____

7. ¿Cuántas ruedas necesita el Sr. Jackson para construir 6 carritos?

_____

8. Robert tiene 24 carritos y avioncitos. Tiene el doble de carritos que de avioncitos. ¿Cuántos carritos tiene?

_____

9. La clase de música tiene 4 hileras de sillas. En cada hilera hay 8 sillas. Si 28 estudiantes se sentaran, ¿cuántas sillas vacías habría?

_____

Hacer modelos de división con matrices

Usa fichas cuadradas para resolver los Ejercicios 1–6.
Escribe el enunciado de división que indique
lo que hiciste.

1. ¿Cuántos grupos de 5 hay en 20?

_____

2. ¿Cuántos grupos de 4 hay en 16?

_____

3. ¿Cuántos grupos de 6 hay en 18?

_____

4. ¿Cuántos grupos de 3 hay en 12?

_____

5. Usa 28 fichas cuadradas. Haz una matriz de 7 hileras.

_____

6. Usa 32 fichas cuadradas. Haz una matriz de 4 hileras.

_____

Aplicaciones mixtas

7. En el salón de clase de Sandy hay 4 hileras de escritorios. En cada hilera hay 6 escritorios. ¿Cuántos escritorios hay en total?

_____

8. Peter puso sus 18 carritos en 3 hileras. ¿Cuántos carritos hay en cada hilera?

_____

9. Lauren tiene $4.30 en el monedero. Ryan tiene $3.98. ¿Cuánto más dinero tiene Lauren que Ryan?

_____

10. Una clase de 22 estudiantes sale a jugar al béisbol. Si 4 niños deciden no jugar, ¿cuántos equipos de 9 estudiantes se pueden formar?

_____

11. Luisa salió de la casa a las 7:45. Tardó 30 minutos en caminar hasta la escuela. Dibuja las manecillas en el reloj para indicar a qué hora llegó a la escuela.

Dividir usando 0 y 1

Halla el cociente.

1. $7 \div 7 =$ _____   2. $0 \div 5 =$ _____   3. $4 \div 1 =$ _____

4. $8 \div 1 =$ _____   5. $6 \div 6 =$ _____   6. $0 \div 3 =$ _____

7. $2 \div 2 =$ _____   8. $0 \div 8 =$ _____   9. $2 \div 1 =$ _____

10. $0 \div 4 =$ _____   11. $3 \div 1 =$ _____   12. $5 \div 5 =$ _____

13. $4 \div 4 =$ _____   14. $9 \div 1 =$ _____   15. $0 \div 2 =$ _____

16. $7 \div 1 =$ _____   17. $9 \div 9 =$ _____   18. $6 \div 1 =$ _____

19. $0 \div 1 =$ _____   20. $0 \div 9 =$ _____   21. $3 \div 3 =$ _____

Aplicaciones mixtas

Usa la tabla para resolver los Problemas 22–26.

Artículo	Cantidad en cada paquete	Precio por paquete
Pelotas de tenis	3	$2.50
Canicas	24	$1.00
Pelotas de pimpón	4	$1.50
Pelotas de béisbol	1	$2.98

22. Rachel compró 4 paquetes de pelotas de tenis. ¿Cuántas pelotas compró?

_____

23. Doug compró 6 pelotas de tenis y 8 pelotas de pimpón. ¿Cuánto dinero gastó?

24. Justin compró una pelota de béisbol y una bolsa de canicas. Si pagó con un billete de $5, ¿cuánto cambio recibió?

_____

25. Grace compró una bolsa de canicas. Ella se quedó con 20 y repartió el resto en partes iguales entre 4 amigos. ¿Cuántas canicas recibió cada amigo?

26. La Sra. Kelsey compró 2 paquetes de pelotas de pimpón y las repartió en partes iguales entre 8 niños. ¿Cuántas pelotas recibió cada niño?

_____

Usar la tabla de multiplicar para dividir

Usa la tabla de multiplicar para hallar el cociente.

1. $15 \div 3 =$ _____

2. $21 \div 7 =$ _____

3. $72 \div 9 =$ _____

4. $81 \div 9 =$ _____

5. $27 \div 3 =$ _____

6. $18 \div 6 =$ _____

7. $48 \div 8 =$ _____

8. $24 \div 8 =$ _____

9. $42 \div 7 =$ _____

10. $35 \div 5 =$ _____

11. $14 \div 2 =$ _____

12. $30 \div 6 =$ _____

13. $40 \div 8 =$ _____

14. $36 \div 9 =$ _____

15. $18 \div 9 =$ _____

Aplicaciones mixtas

Usa los dibujos para resolver los Problemas 16–20.

16. Los estudiantes de la Sra. Rice pueden ganar boletos y cambiarlos por premios. Jack tiene 8 boletos. ¿Cuántos marcapáginas puede obtener?

4 boletos   7 boletos   9 boletos

_____

17. Bárbara tiene 21 boletos. ¿Cuántos lápices puede obtener?

_____

18. ¿Cuántos boletos tiene que usar Judy para obtener 3 cuadernos?

_____

19. Mark cambió 25 boletos por 5 premios. ¿Qué premios obtuvo?

_____

20. ¿Cuántos boletos necesitaría ganar un estudiante para obtener 2 premios de cada tipo?

_____

21. El reloj de la derecha indica la hora en que Juan salió a caminar. Estuvo caminando durante 1 hora y 15 minutos. ¿A qué hora terminó de caminar?

_____

Nombre _____

Practicar operaciones de división hasta 9

Completa las tablas.

1.

÷	24	36	12	28	16
4					

2.

÷	35	45	40	25	15
5					

3.

÷	24	27	18	3	15
3					

4.

÷	48	12	24	36	18
6					

Halla el cociente.

5. $36 \div 6 =$ _____

6. $24 \div 8 =$ _____

7. $42 \div 7 =$ _____

8. $56 \div 8 =$ _____

9. $63 \div 7 =$ _____

10. $14 \div 2 =$ _____

11. $8 \div 8 =$ _____

12. $48 \div 6 =$ _____

13. $72 \div 9 =$ _____

14. $4 \div 1 =$ _____

15. $45 \div 5 =$ _____

16. $21 \div 3 =$ _____

Aplicaciones mixtas

Usa la lista de precios de pizza para resolver los Problemas 17–19.

17. Un grupo de 9 amigos quiere comprar pizza. Cada uno de ellos quiere comer dos porciones. ¿Cuántas pizzas medianas tendrán que comprar?

PIZZERÍA DE JILL		
Tamaño	Porciones	Precio
Pequeña	4	$2.75
Mediana	6	$4.95
Grande	8	$8.25

_____

18. El Sr. Welch compró 2 pizzas pequeñas y 1 grande. Si pagó con un billete de $20, ¿cuánto cambió le dieron?

19. La Sra. Mason compró 3 pizzas grandes para una fiesta. Cuando terminó la fiesta quedaban 5 porciones. ¿Cuántas porciones se comieron en la fiesta?

_____   _____

Estrategia para resolver problemas

Hacer una tabla

Haz una tabla para resolver cada problema.

1. Jason gana $3.00 por hora recogiendo hojas. Ganó $12.00 en septiembre, $27.00 en octubre y $15.00 en noviembre. ¿Cuántas horas trabajó cada mes?

   _____

2. El Sr. Stone fabrica carros de juguete. Tiene un paquete de 36 ruedas para los carros grandes, de 28 ruedas para los medianos y de 16 para los pequeños. ¿Cuántos carros de cada tamaño puede hacer?

   _____

   _____

3. Gina tarda 6 minutos en hacer una tarjeta. Hizo tarjetas durante 30 minutos por la mañana, 12 minutos por la tarde y 18 por la noche. ¿Cuántas tarjetas hizo por la mañana, por la tarde y por la noche?

   _____

4. El río Colorado mide 1,450 millas de largo, el Columbia 1,243, el Mississippi, 2,340 y el Ohio 981. Ordena los ríos del más corto al más largo.

   _____

   _____

Aplicaciones mixtas

Halla la solución.

ELIGE UNA ESTRATEGIA

- Estimar y comprobar • Representar • Hacer un modelo • Hacer una tabla
- Escribir un enunciado numérico

5. Stan tenía una cuerda. La cortó por la mitad y luego volvió a cortar cada pedazo por la mitad. Cada pedazo de cuerda mide 7 pulgadas. ¿Cuánto medía la cuerda antes de que Stan la empezara a cortar?

   _____

6. Don tiene un puñado de monedas de 25¢, de 10¢ y de 5¢. Tiene más monedas de 25¢ que de 10¢, y más monedas de 10¢ que de 5¢. Tiene $1.00. ¿Cuántas monedas de cada tipo tiene?

   _____

Elegir la operación

Encierra en un círculo la letra *a* o *b* para indicar qué
enunciado numérico elegirías para resolver cada problema.

1. Hay 9 ratones en cada jaula.
   Hay 3 jaulas. ¿Cuántos
   ratones hay en total?

   a. $9 \times 3 = 27$

   b. $9 \div 3 = 3$

2. Izzy y Tom son gatos. Izzy
   pesa 9 libras y Tom 12.
   ¿Cuánto más pesa Tom
   que Izzy?

   a. $12 + 9 = 21$

   b. $12 - 9 = 3$

3. La Sra. Ellis ha comprado 9
   latas de comida para gatos.
   Ya tenía 8 latas en la casa.
   ¿Cuántas latas tiene ahora?

   a. $9 \times 8 = 72$

   b. $9 + 8 = 17$

4. El Sr. Davis tiene 24 peces
   de colores. Pone 8 en cada
   pecera. ¿Cuántas peceras usa?

   a. $24 \div 8 = 3$

   b. $24 - 8 = 16$

Aplicaciones mixtas

Usa los dibujos para resolver los Problemas 5–7.

5. La Sra. Spencer quiere
   comprar 24 manzanas.
   ¿Cuántas bolsas de manzanas
   tendrá que comprar?

   _____

6. El Sr. Long compró 1 bolsa
   de manzanas y 1 bolsa de
   naranjas. Si pagó con un
   billete de $10.00, ¿cuánto
   cambio recibirá?

Naranjas   Manzanas
3 por $1.25   6 por $1.59

7. La Sra. Szabo está haciendo
   una ensalada de frutas
   grande. Según su receta,
   necesita 2 duraznos por cada
   3 naranjas. ¿Cuántas bolsas
   de naranjas necesitará si usa
   10 duraznos para hacer la
   ensalada? (Puedes usar *Hacer
   una tabla* para resolver el
   problema.)

   _____

Reunir y organizar datos

Vocabulario

Escribe la letra correcta de la Columna 2.

_____ 1. tabla que indica con marcas cúantas veces sucede algo

_____ 2. información sobre personas o cosas

_____ 3. tabla que indica con números cuántas veces sucede algo

a. datos

b. tabla de frecuencias

c. tabla de conteo

Haz una tabla de conteo. Escribe en la tabla cuatro tipos de animales domésticos. Luego pregunta a cada estudiante qué animal prefiere. Haz una marca al lado del animal correspondiente. Luego haz una tabla de frecuencia con los mismos datos. Responde a los Problemas 4–5.

4. ¿Qué animal eligió el mayor número de estudiantes? ¿Qué animal eligió el menor número de estudiantes?

5. Compara tus tablas con las de tus compañeros. ¿Obtuvieron todos los mismos resultados?

_____

_____

Aplicaciones mixtas

Usa la tabla para resolver los Problemas 6–7.

6. Transforma la siguiente tabla de conteo en una tabla de frecuencia.

7. ¿Qué deporte eligieron el mayor número de estudiantes?

_____

Deportes favoritos	
Béisbol	ЖЖ /
Patinaje	ЖЖ ЖЖ ///
Fútbol	ЖЖ ЖЖ /
Tenis	ЖЖ ///

Anotar datos

Vocabulario

Completa la oración.

1. Un _____ es un prueba que se hace para averiguar algo.

Indica qué tipo de tabla debe ser usada para resolver los Problemas 2–5. Escribe *tabla de conteo* o *tabla de frecuencias.*

2. Sonia hizo un experimento con una moneda. Ahora ella quiere mostrar qué sucedió.

3. Sam se está preparando para hacer un experimento con cubos numerados. Tendrá que indicar el número que salga en cada ocasión.

4. Cindy acaba de terminar un experimento. Tiró dos veces un cubo numerado y quiere mostrar a la clase qué resultados dio el experimento.

5. El Sr. James va a enseñar cómo hacer un experimento con una moneda y una flecha giratoria. Los estudiantes tendrán que anotar lo que sucede.

Aplicaciones mixtas

6. Tammy hizo un experimento con un cubo numerado. Lo lanzó 20 veces. El 1 salió cuatro veces, el 2 una vez, el 3 tres veces, el 4 cinco veces, el 5 dos veces y el 6 cinco veces. Haz una tabla de conteo para mostrar lo sucedido.

7. Julio compra un camioncito por $0.65. Da al empleado un billete de $1.00. El empleado no tiene monedas de 25¢. ¿Cuál es el menor número de monedas que Julio puede recibir?

Estrategia para resolver problemas

Hacer una tabla

Haz una tabla para hallar la solución.

1. Karen y José están haciendo un experimento con una flecha giratoria y una moneda. Hacen girar la flecha y tiran la moneda a cara o cruz. Luego anotan los resultados. Van a repetir el experimento 15 veces. Muestra cómo pueden organizar una tabla que sirva para su experimento.

2. Philip está haciendo un experimento con dos monedas. Durante el experimento va a lanzar al aire una moneda 25 veces y va a anotar qué sale cada vez. Muestra cómo puede organizar una tabla que sirva para su experimento.

Aplicaciones mixtas

Halla la solución.

ELIGE UNA ESTRATEGIA

• Escribir un enunciado numérico • Representar • Estimar y comprobar • Volver sobre los pasos

3. Sid recorrió en bicicleta 4 millas menos que John. Sid y John recorrieron en total 12 millas. ¿Cuántas millas recorrió cada uno?

4. En una fila Pat está delante de Mary. Tom está detrás de Sally. Tom está entre Sally y Pat. ¿En qué orden están todos en la fila?

_____ _____

Interpretar datos

Vocabulario

Escribe la letra correcta de la Columna 2.

_____ 1. conjunto de preguntas que se hace   a. encuesta
a un grupo de personas

_____ 2. conjunto de respuestas de una encuesta   b. resultados

Usa los resultados de la encuesta que aparecen en la tabla
de conteo para resolver los Problemas 3–6.

3. Lista los juegos en orden de
preferencia, desde el preferido
hasta el que menos gusta.

_____

_____

_____

JUEGOS FAVORITOS	
Juego	Conteo
Escondite	$\cancel{||||}$ //
Saltar la cuerda	$\cancel{||||}$ $\cancel{||||}$ $\cancel{||||}$ /
Béisbol	$\cancel{||||}$ $\cancel{||||}$ /
Canicas	////

4. ¿Cuántas personas
respondieron a la encuesta?

_____

5. ¿Cuántas más personas
prefieren saltar la cuerda que
jugar con canicas?

_____

6. ¿Cuántas más personas
prefieren saltar la cuerda que
jugar al escondite?

_____

Aplicaciones mixtas

7. Cada uno de 5 estudiantes
recibe 6 creyones. ¿Cuántos
creyones hay?

_____

8. Henry caminó 300 yardas a la
hora del almuerzo. Caminó 2
veces 300 yardas después de
clase. ¿Cuántas yardas
caminó en un día?

_____

Agrupar datos en una tabla

Usa la tabla para resolver los Problemas 1–6.

1. ¿Cuántos perros tienen el pelo corto y color café?

_____

2. ¿Cuántos perros tienen el pelo mediano?

_____

3. ¿Cuántos perros tienen el pelo blanco?

_____

PERROS DE LOS ESTUDIANTES				
	Pelo negro	Pelo blanco	Pelo color café	Pelo amarillo
Pelo corto	3	4	1	3
Pelo mediano	2	2	0	1
Pelo largo	1	3	3	2

4. ¿Qué color de pelo tienen solamente 4 perros?

_____

5. ¿Cuántos perros en total tienen los estudiantes?

_____

6. Observa las canicas. Haz una tabla para agrupar las canicas.

Aplicaciones mixtas

7. En el equipo de fútbol de Toby hay 11 niñas y 8 varones. De las niñas, 6 son defensas y el resto son delanteros. De los varones, 5 son defensas y el resto son delanteros. Haz una tabla para agrupar a los jugadores del equipo de fútbol.

ANTEOJOS		
	Con anteojos	Sin anteojos
Varones	5	7
Niñas	6	8

8. Escribe una pregunta sobre los datos de la tabla.

_____

_____

Pictografías y multiplicaciones

Vocabulario

1. En una _____ los datos se indican con dibujos. Cada dibujo representa una determinada cantidad de objetos.

2. La _____ que aparece en la parte de abajo de la pictografía nos indica cuántos objetos representa cada dibujo.

Usa la pictografía para resolver los Problemas 3–6.

3. ¿Cuántos estudiantes representa cada creyón?

   _____

4. ¿A cuántos estudiantes les gusta cada color de creyón?

   _____

Nuestros colores de creyón favoritos	
Rojo	🖍🖍🖍🖍🖍🖍
Azul	🖍🖍
Violeta	🖍🖍🖍🖍🖍🖍🖍
Verde	🖍
Amarillo	🖍🖍🖍🖍

Clave: Cada 🖍 representa 2 estudiant

5. ¿Qué color de creyón prefiere el mayor número de estudiantes? ¿Qué color prefiere el menor número de estudiantes?

   _____

6. ¿Cuántos más estudiantes hay que prefieren los creyones amarillos que los creyones verdes?

   _____

Aplicaciones mixtas

7. El Sr. Thomas gastó $3.56 en creyones y $2.45 en papel para la clase. ¿Cuánto gastó en total?

   _____

8. La clase de arte comenzó a las 2:30 y se terminó 1 hora y 30 minutos después. ¿A qué hora se terminó la clase?

   _____

Hacer una pictografía

Piensa en algo sobre lo que puedas hacer una pictografía. Haz una encuesta o recopila datos sobre un tema que te interese.

Recopila los datos y haz luego una pictografía en el espacio de abajo. Elige un símbolo y una clave para la gráfica. Incluye el título y las categorías. Muestra a la clase tu pictografía y di algo sobre ella. Responde a los Problemas 1 y 2 cuando hables de tu pictografía.

Pictografía–Menú de ideas

Equipo deportivo

Ingredientes para pizza

Programa favorito

Resultados de la encuesta   **Pictografía**

1. Cuenta cómo elegiste el tema de tu pictografía.

   _____

   _____

2. Explica cómo elegiste un símbolo y una clave para tu pictografía. ¿Están tus compañeros de acuerdo con tu elección?

   _____

Aplicaciones mixtas

3. Fred compró un libro nuevo y pagó con un billete de $10.00. Le devolvieron $5.37. ¿Cuánto costó el libro?

4. En una carrera Sally le ganó a James, Sam le ganó a Mary, Mary le ganó a Sally. ¿En qué orden terminaron?

_____   _____

Interpretar gráficas de barras

Vocabulario

Escribe *verdadero* o *falso*.

_____ **1.** *Las gráficas de barras* usan líneas para representar datos.

_____ **2.** Una gráfica de barras *verticales* tiene barras que van de abajo a arriba.

_____ **3.** Una gráfica de barras *horizontales* tiene barras que van de izquierda a derecha.

_____ **4.** En una gráfica de barras la *escala* no es importante.

Usa la gráfica de barras para resolver los Problemas 5–8.

5. ¿Qué tipo de gráfica de barras es ésta?

_____

6. ¿Cuántos estudiantes nombraron al león como su animal favorito? ¿Cuántos a la rana? ¿Cuántos al perro?

_____

_____

ANIMAL DE PELUCHE FAVORITO

7. ¿Qué animal de peluche prefiere el mayor número de estudiantes? ¿Cuál prefiere el menor número de estudiantes?

_____

8. ¿Cuántos estudiantes nombraron a la foca como su animal de peluche favorito?

_____

Aplicaciones mixtas

9. Halla los próximos tres números de la siguiente serie: 5, 9, 13, 17, 21, 25.

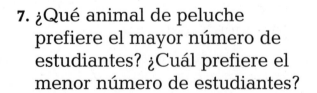

10. John hizo 4 problemas de matemáticas en su tarea. Sybil hizo 2 veces esa cantidad. ¿Cuántos problemas hizo Sybil?

_____

Hacer gráficas de barras

Haz una gráfica de barras con los datos
de la tabla de la derecha. Usa una
escala numerada de dos en dos (0, 2,
4, 6, 8, 10, 12). Acuérdate de ponerle
el título y las categorías a la gráfica.

BEBIDAS FAVORITAS DE LA CLASE DEL SR. HALE	
Agua	4
Limonada	6
Ponche	2
Leche	5
Jugo de frutas	8
Refresco	12

Usa la gráfica de arriba para resolver los Problemas 1 y 2.

1. ¿Qué muestra la gráfica?

_____

2. ¿Qué escala se usa en la gráfica?

_____

Aplicaciones mixtas

3. El libro de Tony tiene 24
   páginas. Cada cuento tiene 4
   páginas. ¿Cuántos cuentos
   hay en el libro?

4. Cheryl gastó $2.25 en el
   almuerzo. Recibió $2.75 de
   cambio. ¿Con cuánto dinero
   pagó el almuerzo?

_____   _____

Comparar datos

Usa la pictografía para resolver
los Problemas 1–4.

Colección de monedas	
Darryl	🪙🪙🪙🪙
Sam	🪙🪙🪙🪙🪙
Elizabeth	🪙🪙🪙🪙🪙🪙🪙
Morgan	🪙
Dirk	🪙🪙🪙🪙🪙🪙
Michael	🪙🪙🪙🪙🪙🪙🪙🪙🪙🪙🪙

Clave: Cada 🪙 representa 4 monedas.

1. ¿Cuántas monedas tiene
Darryl en su colección?
¿Cuántas tiene Morgan?
¿Cuántas Elizabeth?

_____

_____

2. ¿Quién tiene más monedas en
su colección? ¿Quién tiene
menos?

_____

3. ¿Quién tiene más monedas,
Sam o Darryl?

_____

4. ¿Cuántas monedas más tiene
Michael que Dirk?

_____

Aplicaciones mixtas

5. En el parque zoológico hay 5
monitos en una jaula. En otra
jaula hay 3 veces esa cantidad de
pájaros. ¿Cuántos pájaros hay?

_____

6. Sonia llegó una hora antes de
que empezara la fiesta. Eran
las 6:45. ¿A qué hora
comenzó la fiesta?

_____

7. En el Club de ajedrez hay 16
miembros jugando al ajedrez.
En cada partida juegan dos
personas. ¿Cuántas partidas se
están jugando?

_____

8. En la tienda de música de
Sebastián hay 58 violines, 124
guitarras y 245 trombones.
¿Cuántos instrumentos hay en
total?

9. En una fila hay cinco personas.
Harry es el primero. Ted está
delante de Beth. Entre Harry y
Ted hay dos personas. ¿Cuál es
la posición de Ted en la fila?

Estrategia para resolver problemas

Usar una gráfica

Usa las gráficas para resolver los Problemas 1–4.

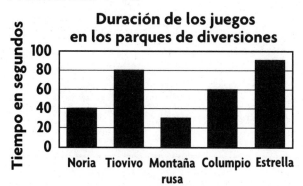

Duración de los juegos en los parques de diversiones

Tiempo en segundos

Juegos: Noria, Tiovivo, Montaña rusa, Columpio, Estrella

Venta de revistas	
Shirley	📖 📖 📖 📖 📖
Fred	📖 📖 📖.
Morton	📖 📖.
Amber	📖 📖 📖 📖 📖 📖.
Mack	📖 📖 📖 📖 📖 📖 📖 📖 📖 📖
Marsha	📖

Clave: Cada 📖 representa 2 revistas.

1. ¿Qué juego dura más tiempo? ¿Y menos tiempo?

   _____

2. ¿Cuánto tiempo jugarías si te montaras una vez en el columpio y dos veces en el tiovivo?

   _____

3. ¿Cuántas revistas vendió Fred?

   _____

4. ¿Cuántas más revistas vendió Amber que Morton?

   _____

Aplicaciones mixtas

Halla la solución.

ELIGE UNA ESTRATEGIA

- **Hallar el patrón**
- **Estimar y comprobar**
- **Representar**
- **Usar una gráfica**

5. Eran las 3:30 cuando Rolly empezó a hacer su tarea. Terminó en diez minutos. Cinco minutos después de haber terminado, se acordó de poner la tarea en su carpeta. ¿A qué hora Rolly puso la tarea en su carpeta?

   _____

6. Sean compró un libro de lectura nuevo por $1.20. Le dio al cajero 6 monedas. ¿Qué monedas usó Sean?

   _____

Seguro e imposible

Vocabulario

Completa los espacios en blanco con la palabra correcta.

suceso   seguro   imposible

1. Un suceso es _____ si nunca va a ocurrir.

2. Un _____ es algo que ocurre.

3. Un suceso es _____ si siempre ocurre.

Lee cada suceso. Indica si el suceso es *seguro* o *imposible* que ocurra.

4. Caerán lápices del cielo.

_____

5. Hará frío en Alaska en invierno.

_____

6. Esta noche caminarás en la Luna.

_____

7. Si metes las manos en agua hirviendo te quemarás.

_____

Usa el recuadro con números para resolver los Problemas 8–9. Indica si cada suceso es *seguro* o *imposible*.

1	3	3
1	5	7
3	5	7

8. hacer caer una moneda encima de un número

impar _____

9. hacer caer una moneda encima de un número mayor que 9 _____

Aplicaciones Mixtas

10. Un bloque tiene los números del 1 al 4. ¿Es seguro o imposible que vayas a sacar un número menor que 5?

_____

11. Sophie tiene 5 monedas de 10¢, 2 de 5¢ y 3 de 1¢. ¿Cuánto dinero tiene?

_____

Anotar resultados posibles

Vocabulario

Escribe la letra correcta de la Columna 2.

Columna 1   Columna 2

1. el más probable _____   **a.** algo que tiene la posibilidad
                                        de ocurrir

2. resultado posible _____   **b.** suceso que tiene menos posibilidad
                                        de ocurrir comparado con otros
                                        sucesos

3. el menos probable _____   **c.** suceso que tiene más posibilidad de
                                        ocurrir comparado con otros sucesos

---

Haz una lista de los resultados posibles de cada suceso.

4. probarse unos pantalones   **5.** sacar un número par con los
    en la tienda   números 2–12

_____   _____

Indica cuál acontecimiento es *más probable* que ocurra.

6. si tiramos un marcador   **7.** sacar un número
    sobre este cuadrado   de esta bolsa

1		
3	11	
5	7	9

_____   _____

Aplicaciones mixtas

8. En una bolsa hay 4 pelotas   **9.** En un cine hay 30 personas.
    azules, 2 verdes y 1 roja.   Durante la proyección de la
    ¿Qué color tiene más   película, 6 personas se van
    probabilidad de salir?   pero 2 regresan. ¿Cuántas
                                          personas quedan en el cine al
                                          terminar la película?

_____   _____

Estrategia para resolver problemas

Hacer una lista

Haz una lista para hallar la solución.

1. Eileen tiene una blusa azul, una roja y otra amarilla. Tiene pantalones blancos, negros y grises. ¿Cuáles son las combinaciones posibles de blusas y pantalones que Eileen puede hacer?

_____

_____

_____

_____

2. Tony tiene dos pizzas. Las pizzas son de queso (Q), pepperoni (P), hongos (H) y cebolla (C). ¿Cuáles son las combinaciones posibles si él elige un pedazo de cada pizza al mismo tiempo?

_____

_____

Aplicaciones mixtas

Halla la solución.   ⎛ **ELIGE UNA ESTRATEGIA** ⎞

• **Hallar el patrón** • **Usar una gráfica** • **Volver sobre los pasos** • **Escribir un enunciado numérico**

3. Halla el próximo número de acuerdo con el patrón: 168, 166,

   164, _____, 160, _____,

   _____, 154, 152, _____, 148.

4. Cada miércoles Juana termina de nadar a la 1:30. Si nada durante 50 minutos, ¿a qué hora llega a la piscina?

   _____

5. En la siguiente encuesta sobre helados, ¿cuál es el sabor que más se vende? ¿Y el que menos se vende?

   _____

Encuesta sobre helados

Anotar los resultados de un experimento

Lee el siguiente experimento. Anota los resultados en la tabla y responde a las preguntas.

Marsha tiene una bolsa con 20 pelotas. En la bolsa hay 7 pelotas azules, 2 verdes, 4 amarillas y 7 rojas. Marsha saca diez veces una pelota de la bolsa para ver qué color sale.

Pelota # 1: rojo   Pelota # 6: rojo

Pelota # 2: azul   Pelota # 7: azul

Pelota # 3: rojo   Pelota # 8: amarillo

Pelota # 4: amarillo   Pelota # 9 rojo

Pelota # 5: verde   Pelota # 10: azul

| EL EXPERIMENTO DE MARSHA ||
Color	Conteo
Rojo	
Azul	
Amarillo	
Verde	

1. ¿Qué color salió más veces?

_____

2. ¿Qué color salió menos?

_____

3. ¿Por qué crees que ocurrió de esa manera?

_____

Aplicaciones mixtas

4. Si el martes es el tercer día de la semana, ¿qué día es el cuarto?

_____

5. ¿Cuál es el valor de 5 en el número 157?

_____

6. Cindy compra una chaqueta que vale $56.25. Le da al dependiente $60.00. ¿Cuánto recibe de cambio?

_____

7. Rupal está en el centro comercial. Su mamá le dice que se deben volver a juntar en 10 minutos. Son ahora las 4:30. ¿A qué hora debe encontrarse Rupal con su mamá?

_____

Juegos justos y juegos injustos

Vocabulario

Completa el espacio en blanco.

1. Un juego es _____ cuando todos tienen la misma posibilidad de ganar.

Elige la caja de pelotas o la bolsa de nueces que haga el juego justo. Escribe *A* o *B*.

2.   _____
A   B

3.   _____
A   B

4. 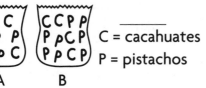 _____
C = cacahuates
P = pistachos
A   B

5. 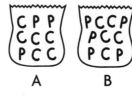 _____
A   B

Aplicaciones mixtas

6. Elige una caja de pelotas de arriba que haga el juego justo. Explica qué puedes hacer para que el juego sea injusto.

_____

7. Sasha tiene 250 bolígrafos. Compra 100 más. ¿Cuántos bolígrafos tiene en total?

_____

8. La película comienza a la 1:15. Dura 3 horas. ¿A qué hora termina?

_____

9. Soy un número entre 100-110. Si me restas 5 decenas, obtienes 56. ¿Qué número soy?

_____

10. Escribe en forma normal los siguientes números.

a. ochocientos veintiséis

_____

b. dos mil cuatro _____

11. Melinda, Elizabeth y Ann escriben sus nombres 15 veces. ¿Quién terminará primero? ¿Por qué?

_____

Clasificar y comparar cuerpos geométricos

Vocabulario

Completa cada oración llenando el espacio en blanco.

1. Una _____ es una superficie plana de un cuerpo geométrico.

2. Una _____ es una línea recta en la que dos caras se unen.

3. Un _____ es donde 2 o más aristas se unen.

Completa la tabla.

	Figura	Caras	Aristas	Vértices
4.	Cubo			
5.	Prisma rectangular			
6.	Pirámide de base cuadrada			
7.	Cilindro			
8.	Cono			
9.	Esfera			

Indica el nombre del cuerpo geométrico al que se parece cada objeto.

10.

_____

11.

_____

12.

_____

13.

_____

14.

_____

15.

_____

Aplicaciones mixtas

16. ¿Qué cuerpo geométrico tiene 6 caras iguales?

_____

17. ¿Cuántas caras en total tienen 3 pirámides de base cuadrada?

_____

Trazar y nombrar las caras

Escribe el nombre del cuerpo geométrico que puede hacerse
con cada uno de los siguientes patrones. Puedes trazar,
recortar y doblar las figuras para comprobar las respuestas.

1.

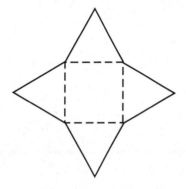

_____

2.

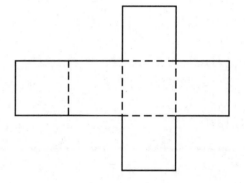

_____

3.

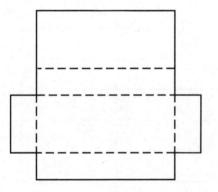

_____

4.

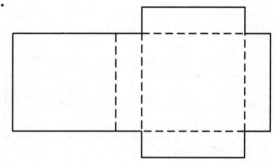

_____

Aplicaciones mixtas

5. Tim está haciendo un modelo
de un cubo. Usa palillos de
dientes para las aristas y rollos
de arcilla para los vértices.
¿Cuántos palillos necesita?
¿Cuántos rollos de arcilla?

_____

6. Eliza contó los libros de su
librero y dijo: "Si redondeo
hasta la decena más próxima
tengo 80 libros." ¿Cuál es el
menor número de libros que
puede tener Eliza? ¿Cuál es
el mayor número?

_____

Relacionar caras con cuerpos geométricos

Indica a qué cuerpo geométrico pertenece cada uno de los siguientes conjuntos de caras. Encierra en un círculo las letras *a, b* o *c*.

1.
a. prisma rectangular
b. cubo
c. pirámide de base cuadrada

2.
a. prisma rectangular
b. cubo
c. pirámide de base cuadrada

3.
a. prisma rectangular
b. cubo
c. pirámide de base cuadrada

Aplicaciones mixtas

4. Chris apiló tres cubos. Puso las caras de los cubos una exactamente encima de la otra. ¿Qué cuerpo geométrico formó Chris?

5. Anne, Carrie y Steve se repartieron una bolsa de canicas en partes iguales. En la bolsa había 27 canicas. ¿Cuántas canicas recibió cada uno?

6. Jeremy pagó el almuerzo con un billete de $5. El cajero le dio $2.39 de cambio. ¿Cuánto costó el almuerzo?

7. En un estacionamiento hay 6 hileras de carros. En cada hilera hay 8 carros. ¿Cuántos carros están estacionados?

8. Linda pesa dos veces más que Jim. El Sr. Murphy pesa dos veces más que Linda. Jim pesa 39 libras. ¿Cuánto pesa el Sr. Murphy?

9. Pete comenzó a leer a las 10:30. Leyó 5 páginas. Tardó dos minutos en leer cada página. ¿Alrededeor de qué hora terminó Pete de leer?

Figuras planas

Vocabulario

Completa las oraciones llenando los espacios en blanco.

1. Un _____ es una superficie llana.

2. Una _____ es una figura cerrada que está en un plano.

Indica si cada figura está formada sólo por líneas rectas,
sólo por líneas curvas o por líneas rectas y curvas.

3. 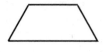 4. 5. 6.

_____ _____ _____ _____

7.  8. 9. 10.

_____ _____ _____ _____

Aplicaciones mixtas

11. Karen estuvo 21 días en la playa. ¿Cuántas semanas estuvo en la playa?

12. Soy un número de dos dígitos. El dígito que está en el lugar de las unidades es cuatro veces más grande que el dígito que está en el lugar de las decenas. La suma de los dos dígitos es 10. ¿Qué número soy?

13. ¿Cuáles de las siguientes letras son figuras planas?
A C D F O R T

14. Alfonso estuvo jugando a la pelota durante 30 minutos. Es ahora la 1:45. ¿A qué hora empezó a jugar?

Nombre _____

Patrones con figuras planas

hexágono   paralelogramo   trapecio   triángulo   cuadrado

Dibuja las próximas dos figuras de cada patrón.

1. ⬡ ◻ △ ◻ ⬡ ◻ △ ◻ ____ ____

2. ◺ △ △ ◻ ◺ △ △ ◻ ____ ____

3. ▱ ⬡ ◻ ◻ ▱ ⬡ ◻ ◻ ____ ____

Indica qué figuras faltan en cada patrón.

4. ▱ ? ◻ ▱ △ ◻ ? △ ◻

_____

5. ◺ △ ? ◻ ◺ ? △ ◻

_____

6. ◻ ◻ ? △ ◻ ? ◺ △

_____

Aplicaciones mixtas

7. Lisa está ensartando cuentas. Empezó con un patrón de esfera, cubo, cubo, esfera, cubo, cubo. Si Lisa sigue ese patrón, ¿qué forma tendrá la próxima cuenta que ensarte?

8. Alan formó un hexágono con 6 palillos de dientes. ¿Cuántos palillos de dientes necesitará para hacer 8 hexágonos?

_____

Estrategia para resolver problemas

Hallar un patrón

Halla el patrón para hallar la solución.

1. Sarah está decorando un marco con figuras. Dibuja las próximas tres figuras de su patrón.

   ○ ◇ ○ △ ○ ◇ ___ ___ ___

2. Jeff está decorando el borde de una corona. Dibuja las próximas tres figuras de su patrón.

   ○ • ● ○ ○ • ___ ___ ___

3. Hay un patrón en los siguientes números. ¿Cuáles son los próximos dos números?

   ___ 3, 14, 25, 36, _____ , _____

4. Dibuja los próximos dos triángulos de este patrón.

   1   3   6   _____ _____

Aplicaciones mixtas

Halla la solución.

ELIGE UNA ESTRATEGIA

• Estimar y comprobar • Representar • Hacer un modelo
• Hacer una lista • Hacer un dibujo

5. Theo tiene 30 ratones. Unos son grises y otros son color café. Hay 4 ratones grises más que ratones color café. ¿Cuántos ratones grises hay? ¿Cuántos ratones color café hay?

   _____

   _____

7. Son las 11:30 y Brian acaba de jugar al béisbol. Jugó durante una hora. Antes había estado rastrillando hojas durante 15 minutos. ¿A qué hora Brian empezó a rastrillar hojas?

   _____

6. Laura es menor que Hans y mayor que Peggy. Peggy es mayor que Félix. Haz una lista de los niños de menor a mayor.

   _____

   _____

8. ¿Cuáles son los resultados posibles de lanzar al aire dos monedas?

   _____

   _____

Nombre _____

Segmentos y ángulos

Vocabulario

Escribe la letra correcta de la Columna 2.

1. recta _____
    a. es la parte de una recta que se halla entre dos puntos

2. ángulo _____
    b. línea derecha que continúa en ambas direcciones

3. segmento _____
    c. se forma donde se cruzan dos segmentos

Escribe cuántos segmentos hay en cada figura.

4. _____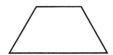
5. _____
6. _____

Escribe cuántos ángulos hay en cada figura.

7. _____
8. _____
9. _____

Escribe si el ángulo es *recto*, es *menor que* un ángulo recto o *mayor que* un ángulo recto. Compruébalo usando la esquina de una hoja de papel.

10.
11.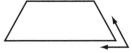
12.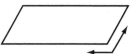

_____   _____   _____

_____   _____   _____

Aplicaciones mixtas

13. Marty está octavo en una fila. Si Georgina está detrás de él, ¿qué lugar de la fila ocupa Georgina?

14. Jo comparte 15 bolígrafos con sus amigos. Ella tiene dos amigos. ¿Cuántos bolígrafos recibe cada uno?

_____   _____

Ubicar puntos en una cuadrícula

Vocabulario

Escribe la palabra correcta en los espacios en blanco.

par ordenado   cuadrícula

1. Una _____ es una gráfica dividida en cuadrados iguales.

2. Un _____ de números nombra un punto en una cuadrícula.

Usa la cuadrícula. Haz un mapa del vecindario. Usa los siguientes pares ordenados para colocar en el mapa los nombres de las calles. Anota la primera letra del nombre de la calle en el punto correcto.

3. (4,5) Calle Rice   **4.** (1,7) Calle Elm

5. (6,2) Calle Water   **6.** (2,2) Calle Concord

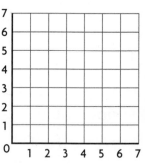

Usa la cuadrícula para hacer los Ejercicios 7–12.
Escribe el par ordenado que le corresponde a cada fruta.

7. manzana_____   **8.** naranja _____

9. plátano _____   **10.** uva _____

11. kiwi _____   **12.** durazno _____

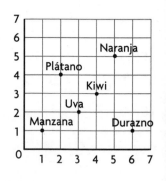

Aplicaciones mixtas

13. El cuarto de John es cuadrado. ¿Cuántos ángulos tiene el cuarto de John?

14. Rashad recoge una fruta en el (2,1) de la cuadrícula. Ester recoge otra fruta en el (2,3) de la cuadrícula. ¿Qué otro nombre tiene el trayecto entre esos dos puntos?

Figuras congruentes

Vocabulario

Completa el espacio en blanco.

1. Las figuras _____ son del mismo *tamaño* y tienen la misma *forma*.

---

2. Compara las figuras A y B. ¿Son figuras congruentes? Explica tu respuesta.

_____

_____

_____

3. Compara las figuras C y D. ¿Son figuras congruentes? Explica.

_____

_____

_____

Indica si las dos figuras de cada par son congruentes. Escribe *sí* o *no*.

4.

_____

5.

_____

6.

_____

Aplicaciones mixtas

7. Soy una figura de cuatro ángulos rectos y cuatro lados iguales. ¿Qué figura soy?

_____

8. Conor compra un lápiz por $0.59. Paga con $1.00. ¿Cuánto es el cambio?

_____

9. En una flecha giratoria están marcados los números 2, 4, 6, 8 y 10. ¿Es seguro o imposible que salga un número impar?

_____

10. El minutero de un reloj marca 27 minutos después de la hora en punto. ¿Cuántos minutos tardará en marcar la próxima hora?

_____

Usar figuras congruentes

Traza y recorta las figuras A, B, C y D. Usa las figuras recortadas para hacer un dibujo en el recuadro de abajo. Cuenta el número de figuras congruentes que usaste en el dibujo. Anota los números en una tabla.

Forma	Número de figuras congruentes
A	
B	
C	
D	

Aplicaciones mixtas

1. Hay 16 lápices y 8 estudiantes. ¿Cuántos lápices recibe cada estudiante?

2. Mark entra a la escuela a las 9:00 a.m. Sale a las 3:15 p.m. ¿Cuánto tiempo está en la escuela?

3. Amy está detrás de Robin en la fila del cine. Marcy está delante de Amy. Heidi está detrás de Amy. Si Robin es la primera en la fila, ¿quiénes son segunda, tercera y cuarta en la fila?

4. Julia y Sam van y vienen de la escuela a pie. El trayecto les toma 20 minutos. ¿Cuántos minutos por día caminan entre la casa y la escuela?

Nombre _____

Cuerpos geométricos congruentes

Usa los cubos para construir los cuerpos geométricos de los
Ejercicios 1–3. Escribe cuántos cubos necesitas para cada figura.

1.

2.

3.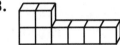

_____   _____   _____

4. ¿Son congruentes los cuerpos geométricos de los Ejercicios 1–2?
Explica tu respuesta.

_____

Escribe la letra del cuerpo geométrico que es congruente
con el primer cuerpo geométrico.

5.   A.   B.

_____

Aplicaciones mixtas

6. Joan y Ed tienen 14 hojas de
papel. ¿Cuántas hojas recibe
cada uno si las reparten en
partes iguales?

7. Hay 3 bolsas. En cada bolsa
hay 5 velas. ¿Cuántas velas
hay en total?

_____   _____

8. Los números de las primeras
cuatro oficinas son 124, 126,
128 y 130. ¿Cuáles son los
números de la quinta y la
sexta oficinas?

9. Maya tiene 2 billetes de $1, 3
monedas de 25¢, 4 de 10¢, 6 de
5¢ y 12 de 1¢. ¿Cuánto dinero
tiene en total? ¿Le alcanza el
dinero para comprar un libro
que cuesta $4.00?

_____   _____

Estrategia para resolver problemas

Hacer una lista

Haz una lista para hallar la solución.

1. Suzanne hizo estos cuerpos geométricos con cubos conectables. ¿Son congruentes? Explica tu respuesta.

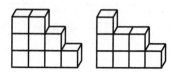

_____

_____

2. Scott construyó un cuerpo geométrico con 5 cubos en el primer nivel, 3 cubos en el segundo nivel y 2 cubos en el tercero. ¿Es esta figura igual a la que Scott construyó?

_____

_____

Aplicaciones mixtas

Halla la solución.

ELIGE UNA ESTRATEGIA

• **Estimar y comprobar** • **Hacer un dibujo** • **Hallar el patrón**
• **Escribir un enunciado numérico**

3. Cinco personas quieren jugar a las canicas. Kim tiene 25 canicas para repartir en partes iguales. ¿Cuántas canicas recibe cada uno?

_____

4. Bonnie fue a casa de María. Llegó a las 3:30 y se quedó hasta las 6:00. ¿Cuánto tiempo estuvo en casa de María?

_____

5. Corey patinó a diario por 21 días. ¿Cuántas semanas patinó?

_____

6. Charlie nada 12 minutos más que Tony. Entre los dos nadan 50 minutos. ¿Cuántos minutos nada cada uno?

_____

Trasladar, invertir y girar

Usa los términos del recuadro para completar los espacios en blanco.

1. Mover una figura en línea recta es

una _____ .

2. Voltear una figura sobre una línea es

una _____ .

3. Mover una figura alrededor de un punto es un _____ .

Banco de palabras
inversión
traslación
giro

Indica qué tipo de movimiento se usó para mover cada figura plana. Escribe *traslación*, *inversión* o *giro*.

4.

_____

5.

_____

6.

_____

7.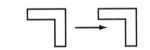

_____

8.

_____

9.

_____

Aplicaciones mixtas

10. Jeff está trasladando una moneda de un lado a otro de una mesa. ¿Cambiará con la traslación el tamaño de la moneda? Explica tu respuesta.

_____

_____

11. Max está volteando un naipe por encima de una línea. ¿Cambiará la forma del naipe luego de la inversión? Explica tu respuesta.

_____

_____

12. Tim tiene 24 tarjetas de béisbol. Las separa en montoncitos de 4. ¿Cuántos montoncitos de 4 cartas tiene?

_____

13. Rick llegó 20 minutos antes a un juego de baloncesto. El juego empezó a las 7:30. ¿A qué hora llegó Rick?

_____

Simetría

Completa ambos espacios en blanco con el mismo grupo de palabras.

1. Un _____ es una línea
   imaginaria que divide por la mitad una figura. Si se

   dobla la figura por el _____,
   las dos partes coinciden una con otra.

¿Es la línea punteada un eje de simetría? Escribe *sí* o *no*.

2.

   _____

3.

   _____

4.

   _____

5.

   _____

6.

   _____

7.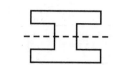

   _____

Aplicaciones mixtas

8. Dibuja un cuadrado. Señala un eje de simetría con una línea punteada.

9. Si fueras a voltear la letra Y sobre una línea situada debajo de la letra, ¿cómo luciría?

   _____

10. Ted tiene 36 tarjetas de béisbol. Le da 8 tarjetas a su hermana. Luego divide el resto entre él y un amigo. ¿Cuántas tarjetas recibe el amigo?

    _____

11. Rod repartió en partes iguales un paquete de 40 caramelos entre él y 7 amigos. ¿Cuántos caramelos le tocaron a cada uno?

    _____

Más sobre simetría

¿Es la línea punteada un eje de simetría? Escribe *sí* o *no*.

1.

2.

3.

_____   _____   _____

Traza los ejes de simetría. ¿Cuántos ejes de simetría tiene cada figura?

4.

5.

6.

_____   _____   _____

Aplicaciones Mixtas

7. Escribe una letra que tenga un eje de simetría. Luego traza el eje.

8. Escribe una letra que tenga 2 ejes de simetría. Luego dibuja los ejes.

9. Paul sacó 81 puntos en su tercer examen de matemáticas. Esto es 6 puntos menos que su resultado del primer examen y 11 más que del segundo. ¿Cuántos puntos de diferencia hay entre los resultados del primer examen y del segundo?

10. Erica recolectó 38 latas esta semana. La semana pasada recolectó 7 latas menos. ¿Cuántas latas recolectó en total?

_____   _____

Patrones simétricos

1. ¿En qué se parece la simetría a la imagen de un espejo?

_____

_____

_____

Completa cada dibujo para formar una figura simétrica.

2.    **3.**   **4.** 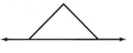   **5.**

6. 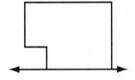   **7.**   **8.**   **9.**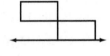

Aplicaciones mixtas

10. ¿Qué letras lucen iguales cuando se voltean sobre una línea trazada debajo de ellas? (PISTA: 9 letras)

_____

11. Vinny y Tony tienen 2 tareas al día cada uno. ¿Cuántas tareas hacen en total en 3 semanas?

_____

12. Úrsula regresa de la escuela a las 3:30. Cena 3 horas y 15 minutos después de volver a casa. ¿A qué hora se sirve la cena?

_____

13. Juanita quiere comprar un vídeo que cuesta $14.95. Trabaja 3 horas cuidando niños y gana $3.50 la hora. ¿Cuánto dinero más necesita?

_____

Estrategia para resolver problemas

Hacer un dibujo

Haz un dibujo para hallar la solución.

1. Anita hizo este dibujo. Byron hizo la otra mitad simétrica. ¿Cómo era el dibujo cuando Byron terminó?

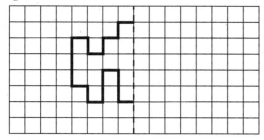

2. La fachada de la casa de Meg podría ser dividida por un eje de simetría. Hay 8 ventanas y 4 columnas. ¿Cuántas ventanas y columnas hay a cada lado del eje de simetría? ¿Dónde está la puerta del frente?

_____

_____

3. La Sra. Simmons forma un patrón simétrico en el escenario con sus estudiantes. Las 2 estrellas de la obra están en el medio. Al lado de cada una de las estrellas hay 1 bailarín. En cada punta de la fila hay 2 cantantes. ¿Quiénes están en la fila de una punta a la otra?

_____

_____

_____

4. Para ir a la biblioteca, Becky dobla a la izquierda cuando sale de la casa y camina 3 cuadras. Luego dobla a la derecha y camina 2 cuadras. Después dobla a la derecha y camina 1 cuadra. Finalmente dobla a la izquierda y camina 2 cuadras más. Traza su ruta.

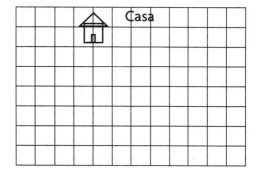

Aplicaciones mixtas

5. Escribe un número entre 795 y 810 que pueda ser dividido por un eje de simetría que parta en dos mitades el dígito del medio.

_____

6. Toño gastó $3.29 del dinero que recibe y le quedaron $2.21. ¿Cuánto recibió en total?

_____

Hacer modelos de partes de un entero

Indica cuántas partes forman el entero. Luego indica
cuántas partes han sido sombreadas.

1.
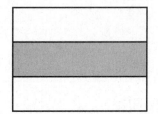

_____

2.
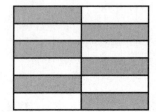

_____

3.
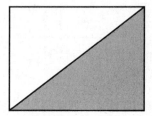

_____

4.
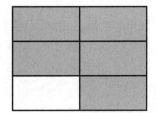

_____

5.
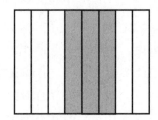

_____

6.
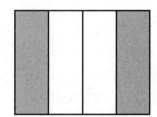

_____

Aplicaciones mixtas

7. Donald corta una pizza en
8 pedazos. ¿Cuántos pedazos
tiene toda la pizza? Si él
come 2 pedazos, ¿cuántas
partes de la pizza se habrá
comido?

_____

8. La clase de golf de Jamal
empieza en 3 semanas.
Hoy es 5 de julio. ¿Qué día
comienza la clase?

_____

9. Amy corta un pastel en 10
pedazos. ¿Cuántos pedazos
forman un pastel entero?
Si ella da 4 pedazos a sus
amigos, ¿cuántas partes le
faltan al pastel?

_____

10. Tom y Ed empezaron a correr
a las 10:15. Corrieron juntos
durante una hora. Luego
Tom siguió corriendo solo
12 minutos más. ¿A qué hora
Tom paró de correr?

_____

Otros modelos de fracciones

Escribe en los espacios en blanco de la Columna 1 la letra
de la definición correspondiente de la Columna 2.

Columna 1	Columna 2

_____ **1.** denominador   **a.** indica cuántas partes se están usando

_____ **2.** fracción   **b.** indica cuántas partes iguales hay en
                                     un entero

_____ **3.** numerador   **c.** indica las partes de un entero

---

Indica qué parte ha sido sombreada. Escribe tu respuesta
con números y palabras.

4.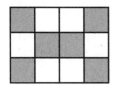

5.

6.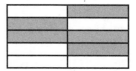

_____   _____   _____

Escribe la fracción usando números.

7. tres quintos   **8.** seis de once   **9.** dos dividido por tres

_____   _____   _____

10. uno de seis   **11.** nueve dividido   **12.** siete doceavos
                                por diez

_____   _____   _____

Aplicaciones mixtas

13. Will gastó $1.25 en bolígrafos,
$4.90 en un libro y $2.35 en
papel. ¿Cuánto gastó en total?

14. May compró una docena de
huevos. Usó cinco huevos
para hornear un pastel. ¿Qué
parte de la docena usó May?

_____   _____

Nombre _____

Contar partes para formar un entero

Escribe una fracción para describir cada parte sombreada.

1.

2.

_____   _____

3.

_____

Escribe una fracción que describa la parte sombreada.

4.   5.   6.

_____   _____   _____

Aplicaciones mixtas

7. ¿Qué parte fraccionaria de la figura está sombreada? ¿Cuál no está sombreada?

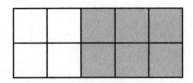

_____

8. Marissa empezó a hacer la tarea a las 6:30. Terminó $2\frac{1}{2}$ horas más tarde. ¿Qué hora era cuando Marissa terminó?

_____

9. Stacey ganó $10 hace dos semanas, $5 la semana pasada y $10 esta semana. Si ese patrón se repite 3 semanas más, ¿cuánto dinero habrá ganado en total?

Comparar fracciones

Compara. Escribe <, >, o = en cada ◯.

1.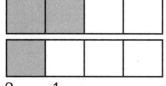

$\frac{2}{4}$ ◯ $\frac{1}{4}$

2.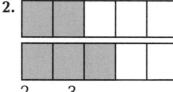

$\frac{2}{5}$ ◯ $\frac{3}{5}$

3.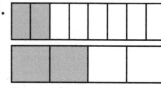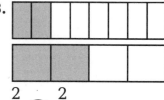

$\frac{2}{8}$ ◯ $\frac{2}{4}$

4.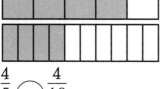

$\frac{4}{5}$ ◯ $\frac{4}{10}$

5.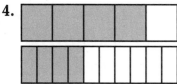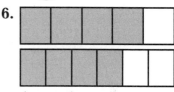

$\frac{3}{6}$ ◯ $\frac{5}{6}$

6.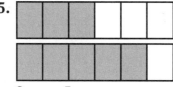

$\frac{4}{5}$ ◯ $\frac{4}{6}$

7.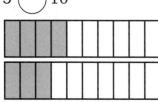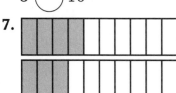

$\frac{4}{10}$ ◯ $\frac{3}{10}$

8.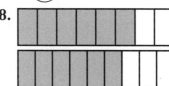

$\frac{6}{8}$ ◯ $\frac{6}{9}$

9.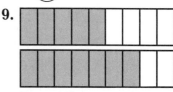

$\frac{5}{9}$ ◯ $\frac{7}{9}$

10.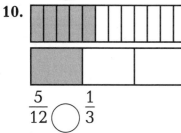

$\frac{5}{12}$ ◯ $\frac{1}{3}$

11.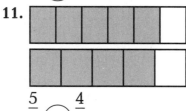

$\frac{5}{6}$ ◯ $\frac{4}{5}$

12.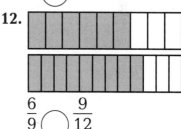

$\frac{6}{9}$ ◯ $\frac{9}{12}$

Aplicaciones mixtas

13. Jill empezó a leer a las 10:30. Leyó durante 50 minutos. Luego anduvo en bicicleta durante 35 minutos. ¿Qué hora es ahora?

_____

14. Halla los próximos tres números de este patrón: 5, 15, 20, 30, 35.

_____

15. Un cartón de huevos contiene 12 huevos. ¿Cuántos cartones se necesitan para envasar 48 huevos?

_____

16. Todd leyó $\frac{4}{7}$ de un libro. Sam leyó $\frac{1}{2}$ del mismo libro. ¿Quién leyó más?

_____

Estrategia para resolver problemas

Hacer un dibujo

Haz un dibujo para hallar la solución.

1. Shawn gastó $\frac{3}{7}$ de su dinero en un libro y $\frac{2}{5}$ en una pelota de béisbol. ¿En qué artículo gastó más?

   _____

2. Alex leyó $\frac{3}{8}$ de un libro. Joel leyó $\frac{2}{5}$ del mismo libro. ¿Quién leyó más?

   _____

3. El Sr. Ruiz hizo un muro en su patio. Usó 9 pilas de 7 ladrillos cada una. ¿Cuántos ladrillos usó?

   _____

4. La decoración del cuarto de Shawn repite 2 triángulos y un círculo después de cada cuadrado. Si en una pared hay 9 repeticiones de ese patrón, ¿cuántos triángulos hay en esa pared?

   _____

Aplicaciones mixtas

Halla la solución.

ELIGE UNA ESTRATEGIA

• Hacer un dibujo   • Representar   • Hacer un modelo   • Hallar el patrón
• Escribir un enunciado numérico

5. Tere, Juan y Carla están parados en una fila. Tere está detrás de Juan. Carla está delante de Juan. ¿En qué orden están en la fila?

   _____

6. Pam usó $\frac{1}{4}$ de docena de huevos para el desayuno. Usó $\frac{1}{6}$ de una docena para el almuerzo. ¿En cuál de las dos comidas usó más huevos?

   _____

7. Nancy hace ejercicios por 1 hora y descansa por 30 minutos; después repite el patrón. Si empieza a hacer ejercicios a las 8:30, ¿qué hará Nancy a las 10:45?

   _____

8. En un frasco había 67 canicas. El lunes Ed sacó 22 y el martes puso 35 canicas. ¿Cuántas canicas hay en el frasco ahora?

   _____

Fracciones equivalentes

1. Dos o más fracciones que representan la misma cantidad son

_____ .

Halla una fracción equivalente para cada parte sombreada.
Usa barras fraccionarias.

2.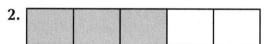

3.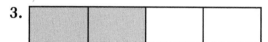

_____   _____

Halla una fracción equivalente. Usa barras fraccionarias.

4. $\dfrac{1}{3} = \dfrac{\square}{6}$ **5.** $\dfrac{3}{5} = \dfrac{\square}{15}$ **6.** $\dfrac{3}{4} = \dfrac{\square}{16}$ **7.** $\dfrac{1}{10} = \dfrac{\square}{20}$

8. $\dfrac{12}{12} = \dfrac{\square}{20}$ **9.** $\dfrac{2}{3} = \dfrac{\square}{12}$ **10.** $\dfrac{1}{8} = \dfrac{\square}{24}$ **11.** $\dfrac{5}{7} = \dfrac{\square}{14}$

Aplicaciones mixtas

Usa la receta para resolver los Problemas 12–13.

12. Zack sólo tiene un recipiente con la medida de $\frac{1}{3}$ de taza. ¿Cuántos recipientes de $\frac{1}{3}$ de taza deberá usar para medir el melón? ¿Y para medir las fresas?

_____

13. Ordena los ingredientes en cantidades de menor a mayor.

_____

_____

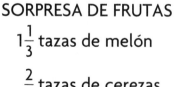

SORPRESA DE FRUTAS

$1\frac{1}{3}$ tazas de melón

$\frac{2}{3}$ tazas de cerezas

$2\frac{2}{3}$ tazas de fresas

$1\frac{2}{3}$ tazas de uvas

Parte de un grupo

Usa fichas cuadradas para mostrar partes iguales del grupo.
Haz un dibujo de tu modelo.

1. Haz 3 partes iguales con una parte verde.

2. Haz 5 partes iguales con una parte azul.

Observa el dibujo. Halla el número de partes iguales que están sombreadas.

3.

Número de partes iguales: ____

Número de partes

sombreadas: ____

4.

Número de partes iguales: ____

Número de partes

sombreadas: ____

Aplicaciones mixtas

5. Joe y Todd compraron una pizza que tenía 8 pedazos. Comieron todos los pedazos menos uno. ¿Qué fracción expresa la parte de la pizza que se comieron?

_____

6. Andrea abrió su libro de lectura y vio que la suma de los números de esas dos páginas era 49. ¿Cuáles eran los números de las páginas en las que Andrea abrió el libro?

_____

7. ¿Cuántos rectángulos hay en esta figura? Presta atención. ¡Hay más de 4!

_____

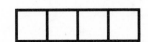

Fracciones de un grupo

Escribe la fracción que indica la parte de los grupos que aparecen a continuación.

1.

cuadrados _____

2.

gatos _____

3.

pelotas de béisbol _____

4.

canicas negras _____

Haz una figura. Usa números y palabras para indicar la parte sombreada.

5. Dibuja 4 rectángulos. Sombrea 1 rectángulo.

_____

6. Dibuja 5 círculos. Sombrea 1 círculo.

_____

7. Dibuja 9 cuadrados. Haz 3 grupos iguales. Sombrea 1 grupo.

_____

8. Dibuja 6 triángulos. Haz 2 grupos iguales. Sombrea 1 grupo.

_____

Aplicaciones mixtas

9. Chelsea recogió 12 manzanas. Las dividió en 3 grupos iguales. Hizo un pastel con 1 grupo. ¿Qué parte de las manzanas usó Chelsea para hacer un pastel?

_____

10. ¿Qué parte del rectángulo está sombreada?

_____

Más sobre fracciones de un grupo

Usa un patrón para completar la tabla.

1.	Modelo	○ ○ ○	● ○ ○	● ● ○	
2.	Número de partes	3		3	3
3.	Número de partes sombreadas		1	2	3
4.	Fracción de partes sombreadas	$\frac{0}{3}$	$\frac{1}{3}$		$\frac{3}{3}$

Escribe una fracción que describa la parte sombreada.

5.

_____

6.

_____

7.

_____

8.

_____

9.

_____

10.

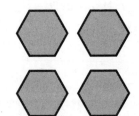

_____

Aplicaciones mixtas

11. La Sra. Reed tiene 3 bolígrafos negros, 1 azul y 3 rojos sobre su escritorio. ¿Qué parte de los bolígrafos son rojos?

_____

12. Ted tiene 8 años y su padre tiene 35. ¿Qué edad tendrá el padre de Ted cuando Ted tenga 21 años?

_____

Estrategia para resolver problemas

Hacer un dibujo

Haz un dibujo para hallar la solución.

1. En una tienda de animales hay 10 perritos. El Sr. Jones vende 5 perritos. ¿Qué parte del total de perritos vende el Sr. Jones?

_____

2. Eric corta un pastel en 16 pedazos. Lleva 4 pedazos a un almuerzo en el campo. ¿Qué parte del pastel lleva Eric?

_____

3. Martin, Judy y Elizabeth dividen un paquete de 12 rompecabezas en partes iguales. ¿Qué parte del paquete recibe cada uno?

_____

4. En un recipiente caben 5 tazas de agua. Tom vierte 4 tazas de agua en el recipiente. ¿Qué parte del recipiente está llena? ¿Qué parte está vacía?

_____

Aplicaciones mixtas

Halla la solución.

ELIGE UNA ESTRATEGIA

• **Hacer un modelo** • **Estimar y comprobar** • **Representar** • **Usar una tabla** • **Volver sobre los pasos**

5. Alice y Sam son gemelos. Su hermano Mike es 4 años mayor que ellos. Si se suman las edades de los 3 niños, se obtiene como resultado 28. ¿Qué edad tienen los gemelos?

_____

6. Caleb compra un libro y un señalador por $4.14. El señalador cuesta $0.89. ¿Cuánto cuesta el libro?

_____

7. En un patio hay 12 niños. $\frac{1}{4}$ de los niños está columpiándose y el resto está jugando al escondite. ¿Hay más niños columpiándose o jugando al escondite?

_____

8. Anne pensó en un número. Le sumó 3, lo multiplicó por dos y obtuvo como resultado 14. ¿En qué número pensó Anne?

_____

Comparar las partes de un grupo

Compara las partes sombreadas de cada grupo.
Escribe <, > o = en el ◯.

1.

$\frac{2}{5}$ ◯ $\frac{4}{5}$

2.

$\frac{3}{7}$ ◯ $\frac{2}{7}$

3.

$\frac{3}{4}$ ◯ $\frac{4}{4}$

4.

$\frac{4}{6}$ ◯ $\frac{4}{6}$

5.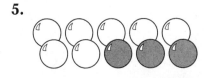

$\frac{3}{10}$ ◯ $\frac{7}{10}$

6.

$\frac{1}{3}$ ◯ $\frac{2}{3}$

Aplicaciones mixtas

7. Brent puso 8 flores en un florero. De las 8 flores, $\frac{3}{8}$ son amarillas y $\frac{5}{8}$ son rojas. ¿Qué hay más, flores rojas o amarillas?

_____

8. Jerry tiene $0.45 en monedas de 10¢ y de 5¢. Tiene la misma cantidad de monedas de 10¢ que de 5¢. ¿Cuántas monedas tiene de cada valor?

_____

9. Un grupo de 45 estudiantes formó equipos de 9 estudiantes cada uno. ¿Cuántos equipos formaron?

_____

10. Amanda corta un sándwich en 4 partes iguales. Se come 2 de las 4 partes. Escribe dos fracciones equivalentes que describan qué parte del sándwich se comió Amanda.

_____

Décimos

Vocabulario

Completa cada oración llenando el espacio en blanco.

1. Una de 10 partes iguales es un _____.

2. Un _____ es un número que indica cantidades menores que uno, como los décimos, mediante el valor posicional y el punto decimal.

Escribe el decimal y la fracción que corresponde a la parte sombreada.

3.

4.

5.

6.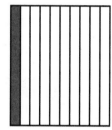

_____   _____   _____   _____

Escribe cada fracción en forma decimal.

7. $\frac{4}{10}$ _____   8. $\frac{2}{10}$ _____   9. $\frac{1}{10}$ _____   10. $\frac{9}{10}$ _____   11. $\frac{7}{10}$ _____

Escribe cada decimal en forma de fracción.

12. 0.5 _____   13. 0.3 _____   14. 0.8 _____   15. 0.6 _____   16. 0.9 _____

Aplicaciones mixtas

17. Un granjero tiene 2 ovejas, 3 cerdos y 5 vacas. Escribe un decimal y una fracción que expresen qué parte del número total de animales son vacas.

18. Tanya tiene 6 gatitos, de los cuales $\frac{1}{3}$ son negros. ¿Cuántos gatitos son negros?

_____   _____

Centésimos

Vocabulario

Completa el espacio en blanco.

1. En un entero hay 10 décimos. En un entero hay 100

_____.

Sombrea el cuadrado decimal para representar cada cantidad.
Escribe el número decimal que exprese la parte sombreada.

2.

siete centésimos

_____

3.

nueve centésimos

_____

4.

veinte centésimos

_____

5.

veinticinco
centésimos

_____

6.

cuarenta y nueve
centésimos

_____

7.

setenta y dos
centésimos

_____

Usa el diseño de fichas cuadradas para resolver los
Ejercicios 8–9.

8. ¿Qué decimal expresa las fichas grises? _____

9. ¿Qué decimal expresa las fichas blancas? _____

Aplicaciones mixtas

10. Jack tiene 46 monedas de 1¢.
Escribe el decimal y la fracción
que expresen la parte de un
dólar que tiene Jack.

_____

11. Tammy ha terminado $\frac{3}{4}$ de los
problemas de matemáticas.
¿Qué parte de los problemas
no ha terminado todavía?

_____

Leer y escribir centésimos

Vocabulario

Completa la oración llenando el espacio en blanco.

1. En un número, el _____ separa
   el número entero de la parte fraccionaria.

Anota cómo se lee y escribe el decimal que representa la
parte sombreada. Usa el Ejercicio 2 como ejemplo.

2.

   tres centésimos;
   _____

   _____0.03_____

3.

   _____

   _____

4.

   _____

   _____

5.

   _____

6.

   _____

7.

   _____

Aplicaciones mixtas

8. El Teatro Applegate tiene 100
   butacas. En la noche del
   sábado fueron ocupadas 78
   butacas. ¿Qué decimal
   representa las butacas que
   no fueron ocupadas? ¿Qué
   fracción?

   _____

9. Tami tiró dos cubos numerados
   del 1 al 6. La suma de los
   números que salieron fue 8.
   Haz una lista de las
   combinaciones posibles
   que Tami pudo haber sacado.

   _____

Decimales mayores que 1

Vocabulario

Completa el espacio en blanco.

1. Un _____ es un número
   formado por un número entero y un decimal.

Escribe los decimales mixtos representados por los modelos.

2.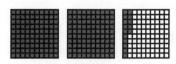

3.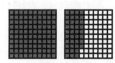

4.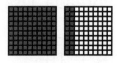

_____   _____   _____

Escribe las siguientes cantidades en forma de decimales mixtos.

5. tres y cuatro décimos

6. cinco y treinta y cuatro centésimos

_____   _____

Escribe en palabras los siguientes decimales mixtos.

7. 4.3 _____

8. 6.25 _____

9. 24.1 _____

Aplicaciones mixtas

10. En cada página del álbum de Bruce caben 10 estampillas. Bruce ha completado 6 páginas. En la página siguiente ha puesto 7 estampillas. Escribe un decimal mixto que exprese cuántas páginas han sido completadas.

11. David compra 9 canicas pequeñas a 5¢ cada una y cinco grandes a 9¢. ¿Cuál es el cambio si paga con un billete de $5?

_____   _____

Comparar números decimales

Compara. Escribe < o > en cada ◯.

1.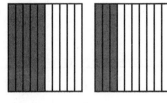

   0.5 ◯ 0.3

2.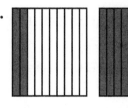

   0.2 ◯ 0.8

3.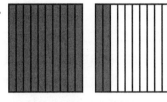

   1.2 ◯ 1.4

4.

   1.6 ◯ 1.5

5.

Unidades	Decenas
0	4
0	7

0.4 ◯ 0.7

6.

Unidades	Decenas
1	4
1	2

1.4 ◯ 1.2

7.

Unidades	Decenas
2	8
2	9

2.8 ◯ 2.9

Aplicaciones mixtas

8. Sarah recorrió en bicicleta 2.5 millas. Tim recorrió 2.3 millas. ¿Quién recorrió más?

9. Blair tiene tres billetes de $1 y $0.56 en monedas. ¿Cuánto dinero más necesita para comprar un libro que cuesta $5.00?

_____

_____

Estrategia para resolver problemas

Hacer un dibujo

Haz un dibujo para hallar la solución.

1. Jessica mide 1.2 metros de estatura. Dave mide 1.4 metros. ¿Quién es más bajo?

2. Jeff y Tom cortaron una pizza en 8 pedazos. Jeff comió $\frac{3}{8}$ de la pizza y Tom comió $\frac{5}{8}$. ¿Quién comió más?

3. La Sra. Newman hizo 10 panqueques. Carla comió $\frac{4}{10}$ de los panqueques y Pam comió $\frac{6}{10}$. ¿Quién comió más?

4. Jo escribió correctamente 7 de las 10 palabras de un examen. Tim escribió correctamente 0.8 de las palabras en el mismo examen. ¿Quién escribió correctamente más palabras?

Aplicaciones mixtas
Halla la solución.

ELIGE UNA ESTRATEGIA

• Hacer un dibujo • Representar • Hacer un modelo • Hallar el patrón
• Escribir un enunciado numérico

5. En la librería hay un letrero que anuncia: "¡Compre 3 libros, llévese uno gratis!". La Sra. Jones quiere 12 libros. ¿Por cuántos libros deberá pagar?

6. En la fila de una cafetería hay 25 estudiantes. Delante de Joe hay 4 varones y 7 niñas. ¿Cuántos estudiantes están detrás de Joe?

7. Tina está haciendo un collar con cuentas rojas y azules. El patrón que ella repite es rojo, rojo, azul. ¿De qué color será la cuenta 14?

8. Hoy es 7 de abril. El cumpleaños de Jill será en 2 semanas y 2 días. ¿Cuándo cumple años Jill?

Nombre _____

Pulgada, pie, yarda y milla

Vocabulario

Completa las oraciones llenando los espacios en blanco.

1. La **pulgada (pulg)**, el **pie (pie)**, la **yarda (yd)** y la **milla (mi)**

   son unidades de medida que se usan para medir _____

   o _____.

Elige la unidad de medida que usarías en cada ejercicio.
Escribe *pulgada, pie, yarda* o *milla*.

2. el largo de una mesa

_____

3. el largo de una piña

_____

4. el largo del pasillo de un edificio

_____

5. la distancia de un pueblo a otro

_____

Elige la unidad de medida adecuada. Escribe *pulgadas, pies, yardas* o *millas*.

6. Tu lápiz mide unas 5

   _____ de largo.

7. La distancia de tu casa a la

   biblioteca es de unas 2 _____.

8. Tu trineo mide unos 4 _____

   de largo.

9. El jugador de fútbol lanzó la

   pelota a 45 _____.

10. En un año Peter creció casi

    2 _____.

11. El Sr. Carlson mide unos

    6 _____.

Aplicaciones mixtas

12. Vas a hacer una blusa. Necesitas saber exactamente el largo de tu brazo. ¿Qué unidad de medida usarías?

_____

13. Bill va a hacer una cadena uniendo clips de 2 pulgadas. ¿Cuántos clips necesitará para hacer una cadena de 14 pulgadas?

_____

Estimar y comparar longitudes

Estima la longitud de cada objeto. Luego mide con una
regla hasta la pulgada más próxima.

1.

    Estimación: _____

2.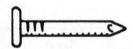

    Estimación: _____

3.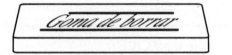

    Estimación: _____

4.

    Estimación: _____

5.

    Estimación: _____

Haz una lista de tres objetos que midan aproximadamente
las siguientes longitudes.

6. 2 pulgadas   7. 4 pulgadas   8. 12 pulgadas

_____   _____   _____

_____   _____   _____

_____   _____   _____

Aplicaciones mixtas

9. David estimó que su salón de
clase mide unos 30 pies de
largo. La medida real es 28
pies. ¿Cuál es la diferencia en
pies entre la estimación hecha
por David y la longitud real?

10. Tanya compró unas matitas de
chile para el huerto. Las sembró
en una hilera recta, dejando 18
pulgadas de distancia entre
cada planta. ¿A cuántas
pulgadas de distancia está la
primera planta de la tercera?

_____   _____

Medir hasta la media pulgada más próxima

Mide hasta la media pulgada más próxima.

1.

_____

2.

_____

3.

_____

4.

5.

_____

6.

_____

Aplicaciones mixtas

7. Una planta mide $18\frac{1}{2}$ pulgadas de alto, redondeando hasta la media pulgada más próxima. ¿Entre cuáles dos pulgadas está la parte más alta de la planta?

_____

8. Alicia tiene 24 pies de soga. Corta 3 pedazos que miden 5 pies cada uno. ¿Cuánto mide el pedazo que queda?

_____

9. Tony pega un dibujo en un pedazo de papel azul que mide 9 pulgadas de ancho y 12 de largo. El papel azul forma un borde de $\frac{1}{2}$ pulgada alrededor del dibujo. ¿Cuánto mide de ancho el dibujo?

_____

10. Anita quiere colgar un cuadro en la pared. El techo está a 84 pulgadas de altura. Si Anita cuelga el cuadro a 16 pulgadas del techo, ¿a qué altura está el cuadro?

_____

Estrategia para resolver problemas

Hacer un modelo

Haz un modelo para hallar la solución.

1. Imagínate que quieres hacer un brazalete que mida 1 pulgada más que tu brazo. Mide tu brazo y redondea esa medida hasta la media pulgada más próxima. Indica cuánto medirá el brazalete.

   _____

2. Rebeca tiene una bufanda con un patrón que repite rayas rojas y blancas. Cada raya roja mide 2 pulgadas de largo y cada raya blanca, 3 pulgadas. La bufanda tiene 45 pulgadas de largo. ¿Cuántas rayas rojas tiene la bufanda?

   _____

3. El Sr. Davis quiere cortar una pieza de cartón de 12 pies de largo en 6 pedazos que midan 2 pies cada uno. ¿Cuántos cortes tendrá que hacer?

   _____

4. Mary está poniendo en sus zapatos unos cordones de 40 pulgadas de largo. Antes de atarse los cordones, ve que en cada punta quedan sueltas 12 pulgadas. ¿Cuántas pulgadas del cordón están enhebradas en el zapato?

   _____

Aplicaciones mixtas

Halla la solución.

ELIGE UNA ESTRATEGIA

• **Hacer un dibujo** • **Representar** • **Hacer un modelo** • **Hallar el patrón**
• **Escribir un enunciado numérico**

5. Eran las 4:00 cuando Sue y Jim empezaron a hacer la tarea. Sue terminó en 45 minutos. Jim terminó 15 minutos antes que Sue. ¿A qué hora terminó Jim de hacer la tarea?

   _____

6. Barb tocó la flauta 15 minutos el lunes, 18 minutos el martes y 21 minutos el miércoles. Si sigue este patrón, ¿cuántos minutos tocará el viernes?

   _____

Estimar y comparar capacidades

Vocabulario

Completa.

1. La _____ es la cantidad total de líquido que cabe en un recipiente.

2. Encierra en un círculo las palabras que indican unidades comunes usadas para medir capacidad.

   pie   yarda   taza   cuarto   milla   galón   pulgada   pinta

---

Encierra en un círculo la mejor estimación.

3.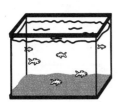

   10 cuartos o 10 galones

4.

   2 tazas o 2 cuartos

Elige la unidad de medida que usarías en cada uno de los siguientes ejercicios. Escribe *taza, pinta, cuarto* o *galón*.

5. leche en un vaso

6. ponche para una fiesta de 10 personas

7. agua de una piscina pequeña

_____   _____   _____

Encierra en un círculo la cantidad mayor.

8. 3 tazas o 1 pinta

9. 2 galones o 9 cuartos

10. 5 pintas o 2 cuartos

11. 1 galón o 3 cuartos

Aplicaciones mixtas

12. Rob saca 3 tazas de leche de un recipiente que tenía 1 cuarto de leche.¿Cuánta leche queda en el recipiente?

13. Sam saca 9 eslabones de una cadena de 36 eslabones de media pulgada cada uno. ¿Cuánto mide ahora de largo la cadena? (Puedes *hacer un modelo* para hallar la solución).

_____   _____

Estimar y comparar pesos

Vocabulario

Completa.

1. Las medidas de peso comunes son la _____

   y la _____. Una libra equivale a 16 onzas.

Elige la unidad de medida que usarías para cada cosa.
Escribe *onza* o *libra.*

2.

_____

3.

_____

4.

_____

5.

_____

6.

_____

7.

_____

Encierra en un círculo la mejor estimación.

8.

4 onzas o
4 libras

9.

10 onzas o
10 libras

10.

10 onzas o
10 libras

Aplicaciones mixtas

11. Luis tiene 5 revistas que
    pesan 4 onzas cada una.
    ¿Pesan más o menos de una
    libra las 5 revistas?

12. La verdulería vende 3 libras
    de plátanos por $1.00. La Sra.
    López compró 6 libras de
    plátanos y pagó con un billete
    de $5.00. ¿Cuánto recibió de
    cambio?

_____

_____

Centímetro, decímetro, metro

Vocabulario

Encierra en un círculo la palabra que mejor complete cada oración.

1. Tu brazo mide casi 1 (centímetro/metro) de largo.

2. Tu dedo índice mide casi 1 (decímetro/centímetro) de ancho.

3. La mano de un adulto mide casi 1 (decímetro/metro) de ancho.

Elige la mejor unidad de medida. Escribe *cm, dm,* o *m.*

4. un clip

_____

5. un aula

_____

6. pelota de fútbol

_____

7. una bandera

_____

8. un anillo

_____

9. un automóvil

_____

Escribe *cm, dm,* o *m* para indicar con qué unidad se midió cada objeto.

10. Un sobre mide 1 _____ de ancho.

11. Un automóvil mide unos 3 _____ de largo.

12. El zapato de una persona adulta mide unos 3 _____ de largo.

13. Una tachuela mide 1 _____ de largo.

14. Una ventana mide unos 2 _____ de largo.

15. Una moneda de 25¢ mide unos de 2 _____ de diámetro.

Aplicaciones mixtas

16. Corriste varias vueltas alrededor de un campo de fútbol. ¿Qué unidad de medida usarías para expresar la distancia que corriste?

_____

17. Todd tiene un recital de música el 30 de junio. Contando a partir de hoy, tiene 4 semanas para ensayar. ¿Qué día es hoy?

_____

Estimar y comparar longitudes

Haz una estimación y mide cada objeto. Usa la unidad de medida dada.

1. el largo de una hoja de cartulina (dm)

   _____

2. el largo de un creyón (dm)

   _____

3. el largo de una mochila (dm)

   _____

4. la altura de una pila de tres libros (cm)

   _____

5. el largo de una calculadora (cm)

   _____

6. el largo de la goma de un lápiz (cm)

   _____

Haz una lista de dos cosas que tengan aproximadamente las siguientes medidas.

7. 2 centímetros

8. 2 decímetros

9. 2 metros

_____   _____   _____

_____   _____   _____

Aplicaciones mixtas

10. Beth cortó un tubo de 80 centímetros en 2 pedazos. Uno de los pedazos mide 29 cm. ¿Qué largo tiene el otro pedazo?

    _____

11. Mel tiene 7 monedas de 10¢, 3 de 25¢ y 5 de 1¢. ¿Le alcanza el dinero para comprar un libro que cuesta $1.50? Explica tu respuesta.

    _____

12. Carol tiene un alambre de 10 cm de largo. También tiene una soga de 78 dm de largo. ¿Cuál es más largo, el cable o la soga? Explica tu respuesta.

    _____

13. Jed mide 8 dm. Bob mide 83 cm. ¿Quién es más alto?

    _____

Nombre _____

Medir y trazar líneas con longitudes dadas

Mide cada uno de los objetos.

1.

_____

2.

_____

3.

_____

4.

_____

5.

_____

6. _____

_____

7.

_____

Traza una línea que mida la longitud dada.

8. 6 cm   **9.** 25 cm   **10.** 19 cm

Aplicaciones mixtas

11. Un gusano mide unos 4 cm de largo. ¿Cuánto mide de largo una cadena de 5 gusanos?

_____

12. El papel de Carl es 8 cm más largo que el papel de Ann. El papel de Ann mide 3 dm de largo. ¿Cuánto mide el papel de Carl?

_____

13. Jill corrió 12 minutos más que Ryan. Los dos corrieron en total 44 minutos. ¿Cuánto corrió cada uno?

_____

14. Eileen leyó 20 minutos más que Joe. Juntos leyeron un total de 1 hora y 10 minutos. ¿Cuánto leyó cada uno?

_____

Estrategia para resolver problemas

Volver sobre los pasos

Volver sobre los pasos para resolver.

1. El Sr. Ruiz vende buzones. Vendió 5 e hizo 12 más. Ahora tiene 15 buzones. ¿Con cuántos buzones empezó?

   _____

2. Paul tiene 23 jardineros y 19 lanzadores en su colección de tarjetas de béisbol. Si tiene en total 95 tarjetas, ¿cuántas no son de jardineros o lanzadores?

   _____

3. Josh tiene en su alcancía 17 monedas de 25¢ y 28 de 10¢. En la alcancía hay 102 monedas. ¿Cuántas no son de 25¢ y 10¢?

   _____

4. Tim vende marcos de cuadros. Vendió 14 e hizo 8 más. Ahora tiene 23 marcos. ¿Con cuántos marcos empezó?

   _____

Aplicaciones mixtas

Halla la solución.

ELIGE UNA ESTRATEGIA

• **Hacer un dibujo**   • **Hallar el patrón**   • **Hacer un modelo**   • **Volver sobre los pasos**

5. El recital de danza acaba de terminar. Duró 2 horas. ¿A qué hora comenzó?

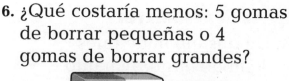

   _____

6. ¿Qué costaría menos: 5 gomas de borrar pequeñas o 4 gomas de borrar grandes?

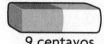

   9 centavos   7 centavos

   _____

7. Rico corrió 30 minutos la primera semana, 40 minutos la segunda y 50 la tercera. ¿Si ese patrón se mantiene, ¿cuánto correrá la sexta semana?

   _____

8. En una tienda hay 24 pares de guantes. Hay 7 pares blancos y 6 pares rojos. ¿Cuántos pares de guantes no son blancos ni rojos?

   _____

Estimar y comparar capacidades

Vocabulario

Encierra en un círculo la palabra que mejor complete cada oración.

1. (Capacidad/metro) es la cantidad de líquido que cabe en un recipiente.

2. Una botella de agua tiene una capacidad de 1 (mililitro/litro).

3. Un gotero tiene una capacidad de 1 (mililitro/litro).

Encierra en un círculo la mejor estimación.

4.

1 mL o 1 L

5.

4 mL o 4 L

6.

15 mL o 15 L

7.

250 mL o 250 L

8.

10 mL o 10 L

9.

3,000 mL o 3,000 L

Elige la unidad de medida que usarías en cada caso. Escribe *mL* o *L*.

10. una taza de chocolate caliente

11. una piscina con agua

12. un vaso de jugo

Aplicaciones mixtas

13. La salsa de un frasco de 12 L de capacidad se repartió en partes iguales en 3 recipientes. ¿Qué cantidad de salsa hay en cada recipiente?

14. Rod llenó de agua el tazón de su perro. En el tazón caben 400 mL. Ahora quedan 230 mL de agua. ¿Qué cantidad de agua bebió el perro?

15. Bud corta un pedazo de soga de 90 cm en 3 partes iguales. ¿Cuánto mide de largo cada parte?

16. Jon mide 9 dm de estatura. Terri mide 86 cm. ¿Quién es más alto? Explica.

Estimar y comparar masas

Vocabulario

Encierra en un círculo la palabra que mejor complete cada oración.

1. Un libro tiene 1 (gramo/kilogramo) de masa.

2. Un dólar tiene 1 (gramo/kilogramo) de masa.

Encierra en un círculo la mejor estimación.

3.

6 g o 6 kg

4.

25 g o 25 kg

5.

22 g o 22 kg

6.

4 g o 4 kg

7.

6 g o 6 kg

8.

2 g o 2 kg

Elige la unidad de medida que usarías en cada caso. Escribe *g* o *kg*.

9. un CD

10. un escritorio

11. una calculadora

_____   _____   _____

12. un par de patines

13. una hebilla

14. un caballo

_____   _____   _____

Aplicaciones mixtas

15. El doctor desea determinar la masa de un niño pequeño. ¿Usará g o kg para medirla?

16. La caja A tiene una masa de 2 kg. La caja B tiene una masa de 450 g. ¿Cuál de las dos tiene más masa?

17. El jugo de un recipiente de 20 L de capacidad fue repartido en 5 frascos iguales. ¿Qué cantidad de jugo hay en cada frasco?

18. Barry puso 600 mL de agua en el bebedero de pájaros. Ahora quedan 225 mL de agua. ¿Qué cantidad de agua han bebido los pájaros?

Hallar el perímetro

Vocabulario

Completa cada oración llenando el espacio en blanco.

1. La medida del contorno de una figura plana es el _____.

Halla el perímetro de cada figura.

2.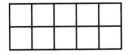

_____

3.

_____

Usa cubos de una unidad. Halla el perímetro de cada figura.

4.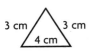

_____

5.

_____

6.

3 cm /\ 3 cm
/4 cm\

_____

7.

_____

Aplicaciones mixtas

8. Patrick usa clips para medir su libro de lectura. El libro mide 8 clips de largo y 5 de ancho. ¿Cuál es el perímetro del libro?

_____

9. Luis dejó volantes en la puerta de los apartamentos 1, 4, 7 y 10. Si sigue el mismo patrón, ¿cuál será el próximo apartamento?

_____

10. En un grupo de 12 estudiantes, 3 llevan anteojos. ¿Qué fracción de los estudiantes lleva anteojos?

_____

11. Julia está leyendo un libro de 218 páginas. Le quedan 25 páginas por leer. ¿Cuántas páginas ha leído?

_____

Más sobre el perímetro

Usa una regla de centímetros. Halla el perímetro de
cada figura.

1.
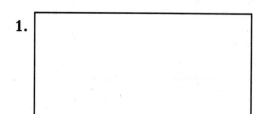

_____

2.
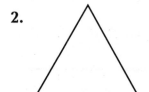

_____

3.
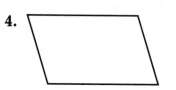

_____

4.
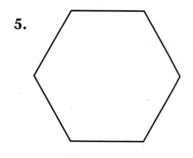

_____

5.
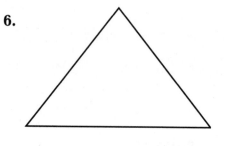

_____

6.

_____

Aplicaciones mixtas

7. El Sr. Jenkins está
construyendo una cerca para
un jardín que mide 3 yardas
de ancho y 9 yardas de largo.
¿Cuántas yardas de madera
necesita el Sr. Jenkins?

_____

8. Lily salió de su casa con
$6.00. Antes de regresar,
gastó $2.95 y ganó $4.50.
¿Cuánto dinero tenía cuando
llegó a casa?

_____

LECCIÓN
26.3

Hallar el área

Vocabulario

Completa la oración llenando el espacio en blanco.

1. _____ es el número de _____
que se necesita para cubrir una superficie plana.

Usa fichas cuadradas para hacer cada figura. Dibuja las figuras. Escribe el área en unidades cuadradas.

2. 2 hileras de fichas cuadradas,
4 fichas cuadradas en cada
hilera

3. 2 hileras de fichas cuadradas,
3 fichas cuadradas en cada hilera

_____

_____

4. 4 hileras de fichas cudradas,
1 ficha cuadrada en cada hilera

5. 2 hileras de fichas cuadradas,
6 fichas cuadradas en cada
hilera

_____

_____

6. 4 hileras de fichas cuadradas,
4 fichas cuadradas en cada
hilera

7. 3 hileras de fichas cuadradas,
5 fichas cuadradas en cada
hilera

_____

_____

Halla el área de cada figura. Escribe la respuesta en unidades cuadradas.

8.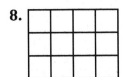

9.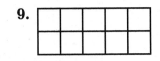

10.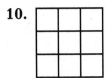

_____   _____   _____

Aplicaciones mixtas

11. En un piso hay 7 hileras de 5
baldosas cada una. ¿Cuántas
baldosas se usaron?

12. El perímetro de una mesa
cuadrada es de 12 pies.
¿Cuánto mide cada lado?

_____   _____

Perímetro y área

Halla el área y el perímetro de cada figura.

1. 4 pies
2 pies

2. 5 pies
3 pies

3. 4 pies
1 pie

área: _____

área: _____

área: _____

perímetro: _____

perímetro: _____

perímetro: _____

4. 7 pies
3 pies

5. 9 pies
2 pies

6. 6 pies
4 pies

área: _____

área: _____

área: _____

perímetro: _____

perímetro: _____

perímetro: _____

Aplicaciones mixtas

7. Joe y Liz tienen un huerto cada uno que tienen la misma área. El huerto de Joe mide 2 pies de ancho y 12 de largo. El de Liz mide 4 pies de ancho. ¿Cuánto mide de largo el huerto de Liz?

_____

8. Tammy tiene un pedazo de cinta de 48 pulgadas de longitud. Con esa cinta adorna el marco de un cuadro que mide 12 pulgadas de largo y 9 de ancho. ¿Cuántas pulgadas de cinta quedan?

_____

9. Una tira de papel mide 7 centímetros de largo. Otra tira mide 5 centímetros. Se pegan las dos tiras para formar una tira de 9 centímetros. ¿Cuántos centímetros de cinta están traslapados?

_____

10. Un perro y un gato pesan 45 libras. El perro pesa 4 veces más que el gato. ¿Cuánto pesa el gato? ¿Cuánto pesa el perro?

_____

Estrategia para resolver problemas
Representar

Representa para hallar la solución.

1. Una lavandería tiene forma rectangular. Mide 6 yardas cuadradas de área y 10 yardas de perímetro. La lavandería mide más de largo que de ancho. ¿Cuánto mide de ancho? ¿Cuánto mide de largo?

_____

_____

2. Mark tiene un pedazo de cuerda de 12 pulgadas de largo. Mark forma con la cuerda un rectángulo de 5 pulgadas cuadradas de área. ¿Podría hacer con esa cuerda una figura que tuviera un área mayor? ¿Qué área tendría?

_____

_____

3. El perímetro de una mesa tiene 24 pies. El largo de la mesa es el doble que su ancho. ¿Cuál es el ancho de la mesa? ¿Cuál es el largo? ¿Y el área?

_____

_____

4. El cuarto de la Sra. Brown mide 10 pies de largo y 9 de ancho. Ella pega un borde decorativo en las paredes. ¿Cuánto mide de largo el borde? ¿Cuál es el área del cuarto?

_____

_____

Aplicaciones mixtas

Halla la solución.

ELIGE UNA ESTRATEGIA

• Hacer un dibujo   • Representar   • Hacer un modelo   • Volver sobre los pasos
• Escribir un enunciado numérico

5. El reloj de Mario marca las 10:45. Durante los últimos 30 minutos estuvo barriendo hojas. Antes de eso, jugó basquetbol por 1 hora. ¿A qué hora empezó a jugar?

_____

6. Carrie nada en el carril del medio. Le hace señas a su padre que nada a 3 carriles de distancia, en el último carril. ¿Cuántos carriles tiene la piscina?

_____

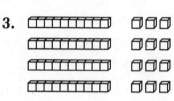
Matrices con decenas y unidades

Une las decenas y las unidades. Nombra los factores del
nuevo rectángulo.

1.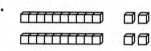

2.

3.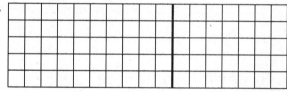

_____   _____   _____

Usa la matriz. Suma los dos productos para hallar la
respuesta. Completa el enunciado de multiplicación.

4.

$4 \times 19 =$ _____

_____

5.

$5 \times 17 =$ _____

_____

Dibuja cada matriz en papel cuadriculado. Muestra cómo
hallaste el producto.

6. $4 \times 12 =$ _?_

_____

7. $3 \times 13 =$ _?_

_____

8. $6 \times 14 =$ _?_

_____

9. $5 \times 16 =$ _?_

_____

Aplicaciones mixtas

10. Millie pagó con un billete
de $20.00. Ella gastó
solamente $14.26. ¿Cuánto
cambio recibió?

11. Henry hizo 14 galletas. Cada
galleta tiene 5 nueces.
¿Cuántas nueces usó en total?

_____   _____

Estrategia para resolver problemas

Hacer un modelo

Haz un modelo para hallar la solución.

1. Sheila puso todas sus estampillas en un álbum. Hizo 6 hileras con 18 estampillas cada una. ¿Cuántas estampillas tiene en total?

_____

2. Anabel está haciendo una colcha. La colcha tendrá 9 hileras de 12 cuadrados cada una. ¿Cuántos cuadrados tendrá la colcha de Anabel?

_____

3. Un mantel individual tiene 8 hileras con 15 cuadrados cada una. ¿Cuántos cuadrados tiene el mantel individual?

_____

4. Salvador empacó los huevos en cajas. Hizo 6 hileras de 14 huevos cada una. ¿Cuántos huevos empacó en total?

_____

Aplicaciones mixtas

Halla la solución.

ELIGE UNA ESTRATEGIA

• Hallar el patrón   • Estimar y comprobar   • Volver sobre los pasos   • Escribir un enunciado numérico
• Hacer un modelo

5. Joyce compró pases para jugar al minigolf. Los pases cuestan $3 para niños y $5 para adultos. Joyce gastó $27. ¿Por cuántos adultos y niños pagó Joyce?

_____

6. Ana participa en una carrera. La distancia es 123 millas. El primer día Ana recorrió 50 millas y el segundo, 27. ¿Cuántas millas le quedan para completar la carrera?

_____

7. Durante 12 días Brian vendió 5 cajas de cereal al día. Cada caja cuesta $1.00. ¿Cuántas cajas de cereal vendió? ¿Cuánto dinero ganó?

_____

8. Walt, Jeff y Mel hacen fila. Jeff está detrás de Mel y Walt está delante de Jeff. ¿Quién es el primero, el segundo y el tercero en la fila?

_____

Nombre _____

Hacer modelos de multiplicación

Usa bloques de base diez para hallar cada producto.

1. En la clase de Kendra cada estudiante tiene 3 lápices. En la clase hay 23 estudiantes. ¿Cuántos lápices tienen en total esos estudiantes?

2. En el campeonato de primavera participan 6 equipos de fútbol. Cada equipo tiene 14 jugadores. ¿Cuántos jugadores hay en el campeonato?

3. $3 \times 15 = \underline{?}$

4. $4 \times 52 = \underline{?}$

5. $6 \times 32 = \underline{?}$

6. $5 \times 25 = \underline{?}$

7. $2 \times 46 = \underline{?}$

8. $5 \times 63 = \underline{?}$

9. $4 \times 29 = \underline{?}$

10. $3 \times 64 = \underline{?}$

11. $4 \times 67 = \underline{?}$

12. $3 \times 18 = \underline{?}$

13. $2 \times 51 = \underline{?}$

14. $6 \times 72 = \underline{?}$

Aplicaciones mixtas

15. El domingo la temperatura fue de 75° F. El lunes la temperatura fue 12° F más alta. ¿Qué temperatura hizo el lunes?

16. Hugh vendió 5 cajas de galletas. En cada caja había 12 galletas. ¿Cuántas galletas vendió en total?

17. En el supermercado había 4 hileras de cajas de jugos. Cada hilera tenía 25 cajas. ¿Cuántas cajas de jugo había en total?

18. Stephanie miró televisión durante 2 horas. Empezó a las 5:25. ¿A qué hora terminó?

Anotar multiplicaciones

Halla cada producto. Usa bloques de base diez.

1. 56
    × 4

2. 29
    × 2

3. 64
    × 3

4. 24
    × 5

5. 13
    × 4

6. 84
    × 5

7. 45
    × 7

8. 36
    × 8

9. 24
    × 2

10. 32
    × 6

11. 47
    × 7

12. 29
    × 4

13. 18
    × 3

14. 51
    × 2

15. 27
    × 4

16. 33
    × 6

Aplicaciones mixtas

17. Christine y Julie fueron de compras. Gastaron $20 en CD, $30 en pantalones y $15 en comida. Habían empezado el día con $77. ¿Cuánto dinero les quedó?

18. Carlos volvió a la consulta del médico el 17 de mayo. Hacía exactamente 2 semanas que se había lastimado un brazo. ¿Qué día se lastimó el brazo?

19. Celia y Kyle lavaron 36 platos. Kyle lavó 6 platos más que Celia. ¿Cuántos platos lavó cada uno?

20. La Sra. Kay sentó a sus estudiantes en 5 hileras. En cada hilera hay 6 estudiantes. ¿Cuántos estudiantes hay en la clase de la Sra. Kay?

Practicar multiplicaciones

Halla el producto. Usa bloques de base diez.

1. 96
   × 3

2. 21
   × 2

3. 83
   × 5

4. 56
   × 6

5. 71
   × 3

6. 45
   × 2

7. 69
   × 5

8. 83
   × 3

9. ¿En cuáles de los Ejercicios 1–8 necesitaste reagrupar?

_____

10. 75
    × 3

11. 28
    × 7

12. 16
    × 4

13. 33
    × 2

14. 84 × 2 =

15. 64 × 3 =

16. 32 × 5 =

_____   _____   _____

Aplicaciones mixtas

17. Sarah compró 5 tulipanes. Cada tulipán costó $4. ¿Cuánto costaron en total los tulipanes?

_____

18. José caminó 3 millas diarias durante 14 días. ¿Cuántas millas caminó en total?

_____

19. Eileen y Charlie hicieron una fiesta. Invitaron a 12 personas. A cada invitado le dieron 3 regalos. ¿Cuántos regalos compraron Eileen y Charlie?

_____

20. Mark ganó $36 cortando el césped. Cortó el césped de 6 patios. ¿Cuánto cobró por cortar el césped de cada patio?

_____

Dividir con residuos

Vocabulario

Completa la oración llenando el espacio en blanco.

1. En una división, el _____ es la cantidad que queda.

Usa fichas para hallar el cociente y el residuo.

2. $13 \div 3 =$ _____   **3.** $15 \div 2 =$ _____   **4.** $11 \div 4 =$ _____

5. $12 \div 5 =$ _____   **6.** $10 \div 4 =$ _____   **7.** $9 \div 5 =$ _____

Usa el modelo para hallar el cociente y el residuo.

8. $17 \div 3 =$ _____

Paso 1 | Paso 2

_____ fichas

El cociente es _____.

El residuo es _____.

9. $13 \div 4 =$ _____

Paso 1 | Paso 2

_____ fichas

El cociente es _____.

El residuo es _____.

Halla el cociente y el residuo. Puedes usar fichas.

10. $23 \div 4 =$ _____   **11.** $30 \div 4 =$ _____   **12.** $25 \div 3 =$ _____

Aplicaciones mixtas

13. Marissa horneó 18 galletas. Puso el mismo número de galletas en 4 bolsas y se comió el resto. ¿Cuántas galletas puso Marissa en cada bolsa?

14. En la clase de la Sra. Li los estudiantes están haciendo proyectos de arte en grupos pequeños. Hay 8 grupos de 3 estudiantes y uno de 2 estudiantes. ¿Cuántos estudiantes hay en la clase?

Hacer modelos de división

Usa el modelo para hallar el cociente y el residuo.

1. $51 \div 2 =$ __?__

Paso 1	Paso 2
_____ decenas _____ unidad	El cociente es _____.

2. $38 \div 3 =$ __?__

Paso 1	Paso 2

_____ decenas _____ unidades	El cociente es _____.

Halla el cociente. Usa bloques de base diez.

3. $53 \div 2 =$ _____ **4.** $61 \div 4 =$ _____ **5.** $17 \div 2 =$ _____

6. $63 \div 5 =$ _____ **7.** $48 \div 5 =$ _____ **8.** $48 \div 3 =$ _____

Aplicaciones mixtas

9. En 4 furgonetas viajan 56 estudiantes. Cada furgoneta lleva el mismo número de estudiantes. ¿Cuántos estudiantes hay en cada furgoneta?

_____

10. Carlos ha resuelto 8 de los 10 problemas de matemáticas. ¿Qué fracción de los problemas le falta resolver?

_____

11. En una caja caben 24 latas de sopa. ¿Cuántas latas de sopa hay en 4 cajas?

_____

12. Sarah cortó una soga en cinco pedazos de 6 puldagas cada uno. ¿De qué largo era la soga antes de que Sarah la cortara?

_____

Anotar la división

Halla el cociente. Puedes usar bloques de base diez.
Comprueba luego cada respuesta.

1. $35 \div 3 = $ _?_ Comprueba: $3\overline{)35}$ Entonces, $35 \div 3 = $ _____	**2.** $31 \div 2 = $ _?_ Comprueba: $2\overline{)31}$ Entonces, $31 \div 2 = $ _____	**3.** $49 \div 4 = $ _?_ Comprueba: $4\overline{)49}$ Entonces, $49 \div 4 = $ _____
4. $27 \div 5 = $ _?_ Comprueba: $5\overline{)27}$ Entonces, $27 \div 5 = $ _____	**5.** $48 \div 3 = $ _?_ Comprueba: $3\overline{)48}$ Entonces, $48 \div 3 = $ _____	**6.** $65 \div 4 = $ _?_ Comprueba: $4\overline{)65}$ Entonces, $65 \div 4 = $ _____

Aplicaciones mixtas

7. Mary recogió 64 flores. Luego repartió partes iguales en 4 floreros. ¿Cuántas flores puso en cada florero?

8. Brian trabaja en un centro de reciclaje. Gana $8 por hora. ¿Cuánto dinero gana a la semana si trabaja 35 horas?

_____

_____

Practicar divisiones

Halla el cociente usando sólo papel y lápiz. Comprueba
cada respuesta mediante la multiplicación.

1. $29 \div 4 =$ _____ Comprueba: $4\overline{)29}$	**2.** $67 \div 5 =$ _____ Comprueba: $5\overline{)67}$	**3.** $63 \div 4 =$ _____ Comprueba: $4\overline{)63}$
4. $56 \div 3 =$ _____ Comprueba: $3\overline{)56}$	**5.** $39 \div 2 =$ _____ Comprueba: $2\overline{)39}$	**6.** $51 \div 3 =$ _____ Comprueba: $3\overline{)51}$

Aplicaciones mixtas

7. Jeff, Chris y Carrie se reparten una bolsa de 80 canicas. ¿Cuántas canicas le tocan a cada uno? ¿Cuántas canicas quedan?

_____

_____

8. Troy paga por un sándwich con un billete de $5. El dependiente le devuelve 2 billetes de $1.00, una moneda de 10¢ y una de 5¢. ¿Cuánto costó el sándwich?

_____

Elegir entre la multiplicación y la división

Escribe si debes multiplicar o dividir. Resuelve los problemas.

1. Los familiares de Susan pagaron $96 por cuatro bicicletas de segunda mano. Cada bicicleta costó la misma cantidad. ¿Cuánto costó cada bicicleta?

_____

2. Una clase de tercer grado aprende cada semana a escribir 18 palabras. ¿Cuántas palabras aprende la clase en 3 semanas?

_____

3. En un comedor caben 85 estudiantes. En cada mesa se pueden sentar 6 estudiantes. ¿Cuántas mesas hay en el comedor?

_____

4. María ha escrito 24 páginas de su diario. Cada día escribe tres párrafos por página. ¿Cuántos párrafos ha escrito?

_____

Aplicaciones mixtas

Usa la tabla para resolver los Problemas 5–7.

5. Las clases de tercer grado van al museo. Para ver las exposiciones, se dividen en 4 grupos iguales. ¿Cuántos estudiantes hay en cada grupo?

_____

MATRÍCULA DE LA ESCUELA WASHINGTON	
Grado	**Número de estudiantes**
Tercero	56
Cuarto	55
Quinto	52

6. Las clases de tercero y cuarto grado tienen un recreo a las 10:30. ¿Cuántos estudiantes en total tienen recreo a las 10:30?

_____

7. En quinto grado hay 28 estudiantes varones. ¿Cuántas niñas hay en ese grado?

_____

8. Jeremy usa 60 pies de madera para cercar una huerta cuadrada. ¿Cuánto mide de largo cada lado de la huerta?

_____

9. Hoy es 15 de marzo. Si los gatos de Ana nacieron hoy, ¿en qué fecha cumplirán dos semanas?

_____

Estrategia para resolver problemas

Escribir un enunciado numérico

Escribe un enunciado numérico para hallar la solución.

1. En una cafetería 6 estudiantes se pueden sentar en cada mesa. ¿Cuántas mesas se necesitan para sentar a 96 estudiantes?

_____

_____

2. Un estacionamiento tiene 8 hileras de 16 espacios cada una. ¿Cuántos carros caben en el estacionamiento?

_____

_____

3. El año pasado Chelsea gastó $46 en rollos para fotos. Este año ha gastado 3 veces esa cantidad. ¿Cuánto ha gastado Chelsea este año en rollos para fotos?

_____

_____

4. Rob tiene 26 semillas de melón. Sembró 3 semillas por maceta. ¿Cuántas macetas usó? ¿Cuántas semillas quedaron sin sembrar?

_____

_____

Aplicaciones mixtas

Halla la solución.

ELIGE UNA ESTRATEGIA

• Representar   • Hacer un dibujo   • Usar una tabla   • Estimar y comprobar   • Escribir un enunciado numérico

5. Sue lee y escribe por 50 minutos. Dura 20 minutos más leyendo que escribiendo. ¿Cuántos minutos lee?

_____

6. Jed necesita 32 pulgadas de cinta para enmarcar su foto. La foto tiene 9 pulgadas de largo. ¿Cuánto mide de ancho la foto?

_____

7. El Sr. Frank corta una pizza grande en 8 pedazos y vende 3. ¿Qué fracción de la pizza queda?

_____

8. Tammy quiere comprar unos patines que cuestan $29.00. Tiene ahorrados $15.65. ¿Cuánto más dinero necesita?

_____